Herausgegeben von
Irene Hoppe

Erarbeitet von
Irene Hoppe
Rüdiger Kurock
Ruth Schreiter
Kerstin Granz
Marion Gutzmann

Illustrationen von
Christa Unzner
Uta Bettzieche

Lesefreunde 2
Lesen ■ Schreiben ■ Spielen

Ein Lesebuch
für die Grundschule

VOLK UND WISSEN

Wir danken Elfi Gärtner, Yvonne Graf,
Kerstin Granz, Marion Gutzmann, Inge Lange,
Karin Schuba, Anita Thüme, Ruth Schreiber
für die Beratung und Begutachtung.

Redaktion: Monika Gade

Umschlaggestaltung: Christa Unzner, Gerhard Medoch

Layout: Iris Farnschläder, Hamburg

Illustration: Christa Unzner, Uta Bettzieche

www.vwv.de

1. Auflage, 6. Druck 2007 / 06

Alle Drucke dieser Auflage sind inhaltlich unverändert
und können im Unterricht nebeneinander verwendet werden..

© 2003 Volk und Wissen Verlag, Berlin

Das Werk und seine Teile sind urheberrechtlich geschützt.
Jede Nutzung in anderen als den gesetzlich zugelassenen Fällen bedarf der
vorherigen schriftlichen Einwilligung des Verlages.
Hinweis zu § 52 a UrhG: Weder das Werk noch seine Teile dürfen ohne eine
solche Einwilligung eingescannt und in ein Netzwerk eingestellt werden.
Dies gilt auch für Intranets von Schulen und sonstigen Bildungseinrichtungen.

Druck: Stürtz GmbH, Würzburg

ISBN 978-3-06-103222-7

🅞 Texte auf der Hör-CD

ISBN 978-3-06-080822-9 (Ausgabe mit Hör-CD)

 Inhalt gedruckt auf säurefreiem Papier aus nachhaltiger Forstwirtschaft.

Inhalt

In der Schule

- 9 Ich …
- 10 Ferienwörter
- ⊙ 11 Immer länger … Pass auf.
- 12 Suchmeldungen
- ⊙ 13 Der kleine Brüllbär · *Ingrid Uebe*
- 14 Abzählreime
- 15 Fang-Spiele in der Pause
- 16 Abc-Reime   Mein Abc-Reim
- 17 Wenn das M nicht wär erfunden · *nach James Krüss*
- 18 Schul-Abc
- 19 C wie Computertasten
- 20 Buchstabenwerkstatt
- ⊙ 22 Der Weg zur Schule · *Heinrich Hoffmann von Fallersleben*
- ⊙ 23 Sofie und Olli holen Axel, Renate und … · *Peter Härtling*
- 24 Echo …
- 25 In der Kuchenfabrik · *Franz Fühmann*
- 26 Ein besonderer Schultag
- 27 Das ? ? ? ? ? – Interview
- 28 Hexereien
- ⊙ 29 Eine Quatschgeschichte · *Elisabeth Stiemert*
- ⊙ 30 Lothars Papa · *Erhard Dietl*
- 32 Übungstipps für zwei Lesefreunde

Im Herbst

- ⊙ 33 Herbst · *Georg Bydlinski*
- 34 Herbstanfang · *Anne Steinwart*
- ⊙ 35 Vogelabschied · *Bruno Horst Bull*
- 36 Eine Blättergeschichte · *Elisabeth Stiemert*
- 37 Natur-Memory
- ⊙ 38 Schnupfenzeit · *KNISTER*   Nasenküsse · *Rolf Zuckowski*
- ⊙ 39 Schnupfengefahr
- 40 Nebel · *Elly Demmer*
- ⊙ 41 Herbst-Elfchen
- 42 Der kleine Siebenschläfer · *Susanne Riha*
- 44 Der Igel · *nach Juri Dimitrijew*
- 45 Igelfragen – Igelantworten
- ⊙ 46 Die Legende vom Heiligen Martin
- ⊙ 47 Ich geh mit meiner Laterne
- 48 Der Baum · *Volker Braun*

In der Familie

- 49 Die Sonntagmorgenmeise · *Reiner Kunze*
- 50 Zu Hause · *Jana Frey*
- 51 Laut · *Ingrid Bachér*   Nach einem Streit · *Regina Schwarz*
- 52 Manches ist bei Paule anders · *Kirsten Boie*
- 53 Familien
- 54 Anna und das Baby · *Manfred Mai*
- 55 Meine Schwester und ich · *R. Schwarz*
  Der Bauklotz · *Uta Bettzieche nach P. Maar*
- 56 Wer lacht denn da?
- 58 Liebste Mecker-Oma · *Elisabeth Zöller*
- 59 Der Lehnstuhl · *Erwin Moser*
- 60 Ich bin allein, und die Uhr tickt · *Wolf Harranth*

Märchenzeit

- 61 Hänsel und Gretel …
- 62 November · *Elisabeth Borchers*
- 63 Märchen-Reime
- 64 Die große Rübe · *Russisches Volksmärchen*
- 66 Prinzessin auf der Erbse · *nach Hans Christian Andersen*
- 67 Der goldene Schlüssel · *Brüder Grimm*
- 68 Vom dicken, fetten Pfannkuchen · *Deutsches Volksmärchen*
- 70 Kennst du dieses Märchen? · *Bildfolge*
- 71 Rotkäppchen · *Manfred Mai*
- 72 Im Haus der Großmutter
- 73 Rotkäppchen – in der Lesekiste
- 74 Märchen-Adressen · *Erwin Grosche*

Im Winter

- 75 Du liebe Zeit!
- 76 Die drei Spatzen · *Ch. Morgenstern*   Beobachtung · *M. Kruse*
- 77 Tiere im Winter
- 78 Die Geschichte vom beschenkten Nikolaus · *Alfons Schweiggert*
- 79 Knackt die Schale · *Peter Ruh*
- 80 Eine ganz besondere Weihnachtskarte
- 81 Advent, Advent · *Fredrik Vahle*
- 82 Die Weihnachtsgeschichte · *nach Lukas 2, 1–7*
- 83 Weihnachten in Bethlehem · *KNISTER*
- 84 Neujahrspunsch für Kinder · *Christa Zeuch*
- 85 Neujahr · *Alfons Schweiggert*
- 86 Der Schneemann auf der Straße · *Robert Reinick*

Ich und du

- 87 Wir · *Anne Steinwart*
- 88 Ich bin ich · *Michael Kumpe*   Was mir gefällt · *Max Bolliger*
- 89 Ähnlichkeiten · *Margret Rettich*
- 90 Ich kann was Tolles · *nach Leo Löwe*

	91	Der Rollstuhl · *Margaret Klare*
	92	Wann Freunde wichtig sind · *Georg Bydlinski*
	93	Irenes Geburtstag · *Karin Gündisch*
	94	Der Prinz sucht einen Freund · *Kurt Seehafer*
	96	Vom Streiten und Dröhnen und ... · *Gerda Anger-Schmidt*
	98	Wutsprüche · *Gerald Jatzek*

Im Frühling
	99	Frühling ist ...
	100	Frühling · *Christine Nöstlinger*
	101	Matthias und der Blinde · *Heinz Vonhoff*
	102	Die Tulpe · *Josef Guggenmos*
	103	Frühlingsboten · *Theodor Storm Janosch Bertolt Brecht Heinz Kahlau*
	104	Lesefrühling Pass auf.
	105	Frühlingsquark
	106	Ostermorgen · *Werner Lindemann*
	107	Auf ein Osterei zu schreiben · *Josef Guggenmos* Hase aus Korken · *nach Sabine Brügel-Fritzen*
	108	Störche
	109	So ein verrückter Tag · *Erich Jooß*
	110	Ich hab dich so lieb ... · *Michael Ende Joachim Ringelnatz Peter Härtling*

Mit Tieren leben
	111	Auf der Erde neben mir · *Frantz Wittkamp*
	112	Matthias · *Gina Ruck-Pauquèt* Junger Hund in Not
	114	Tierkinder unterwegs · *Uta Schmitt*
	116	Sofie hat einen Vogel · *Peter Härtling*
	117	Wo fand der Spatz sein Mittagessen? · *Samuil Marschak*
	118	Kleine Tiere
	120	Katzensprache Fragen an Katzenkenner
	121	Kater Kuno · *Alfred Könner*
		Kleine Katze · *Chantal Schreiber*
	122	Inga · *Arnold Grömminger*
	123	Anzeigen
	124	Kennst du sie?

Anderswo
	125	Was ich dir wünsch? · *Elisabeth Borchers*
	126	Sprachen · *Ursula Wölfel*
	127	Auch so spricht man – in Deutschland
	128	Wir verstehen uns alle sehr gut
	129	Ausländer · *Siv Widerberg* Spur im Sand · *Hans Baumann*
	130	Was spielen die Kinder der Erde? · *James Krüss*
	131	Domino

132 Brotzeit
134 Alisetti aus Tansania
135 Radha aus Indien
136 Reiseabenteuer · *Annette Langen*

In der Bibliothek

137 Nimm ein Buch · *Wolf Harranth*
138 In der Bücherei
139 Fabelhafte Ausreden · *Jo Furtado*
140 Freunde · *Hans Stempel   Martin Ripkens*
142 Bei uns in der Bibliothek
144 Jan leiht sich einen Hund · *Anne Maar*
145 Vorlesezeit
146 Steckbrief für Lese-, Seh- und Hörfreunde
147 Ich höre, sehe, lese gern …
148 Ein Abc voller Bücher

Unheimliches und Spannendes

149 Angst haben
150 Vom Zittern · *Viktoria Ruika-Franz*
151 Angst geh weg! · *KNISTER*
152 Warum Angst haben wichtig ist
153 Zusammen · *Dolf Verroen*
154 Flüstergeschichte für dunkle Stunden · *Christa Zeuch*
155 Vorwärts – rückwärts · *Hans Gärtner*   Masken
156 Schreckliche Gespenstertöne · *Hajo Blank*
    Das Bettgespenst · *Roswitha Fröhlich*
157 Die häufigsten Gespenstarten · *Hajo Blank*
158 Stundenplan · *nach Jutta Radel*
160 Zauberspruch · *Max Kruse*

Im Sommer

161 Eine Lerche
162 Zwei Jungen · *Gerlinde Schneider*   Eis · *Christa Wißkirchen*
163 Sommerfreuden
164 Das Gewitter · *Erwin Moser*   Gewitter · *Werner Lindemann*
165 Urlaubspläne · *Roswitha Fröhlich*   Ferienfundstücke
166 Im Zirkus · *Astrid Lindgren*
167 … und anderswo
168 Die Geschichte von der Mutter, die … · *Ursula Wölfel*
169 Liebe Oma, deine Susi · *Christine Nöstlinger*
170 Rätsel-Express – bitte zusteigen · *Dorothée Kreusch-Jakob*
171 Spiele auf langen Fahrten mit dem Auto oder Bus
172 Luftballon   Die Luftmatratze · *Erwin Grosche*

173 **Aufträge für Lesedetektive**

In der Schule

Ich ...
Ich lese.
Ich lese schon.
Ich lese schon immer.
Ich lese schon immer besser.

Ferienwörter

FAUL SEIN
EIS ESSEN
REISEN
IM SEE BADEN
ENTEN FÜTTERN
NIE HAUSAUFGABEN MACHEN

UROMA BESUCHEN
R …
L …
A …
U …
B …

Endlich!
Ferien!
Feriensommer!
Sommerferien!
Sommerferienende!
Schade …

10

Immer länger ...

Aber ...
Aber ich ...
Aber ich freue mich.
Aber ich freue mich über nichts.
Aber ich freue mich über nichts mehr.
Aber ich freue mich über nichts mehr als über lustige Lehrer.

Mein Hund ...
Mein Hund lernt.
Mein Hund lernt gern.
Mein Hund lernt gern in der Schule.
Mein Hund lernt gern in der Hundeschule.

Ich ...
Ich schreibe.
...

Pass auf.

Tim und Tina sitzen und lesen.
Timo und Tanja schwitzen und lernen.
Tim und Tanja spitzen Stifte und lesen.

In der zweiten Klasse sind lustige Kinder.
In der zweiten Klasse sind listige Kinder.
In der zweiten Klasse sind lustige Rinder.

Suchmeldungen

See sucht Fisch,
Schüler sucht ☐☐☐☐☐ .

Kuh sucht Weide,
Tafel sucht ☐☐☐☐☐☐ .

Licht sucht Schimmer,
Lehrer sucht ☐☐☐☐☐☐ .

Ski sucht Lift,
Blei sucht ☐☐☐☐☐ .

Glas sucht Flasche,
Feder sucht ☐☐☐☐☐☐ .

Fass sucht Brause,
Hof sucht ☐☐☐☐☐ .

Hand sucht Tuch,
Märchen sucht ☐☐☐☐ .

Feuerwehr sucht Mann,
das Schuljahr fängt ☐☐ .

Der kleine Brüllbär

Jeden Morgen,
bei Wind und Wetter,
ging der kleine Brüllbär
nun schon in die Schule.
„Hallo, kleiner Brüllbär!",
sagten die Leute,
wenn sie ihn trafen.
„Kannst du schon schreiben?
Kannst du schon lesen?"
„Schon ganz gut",
antwortete der kleine Brüllbär.
„Rechnen lerne ich übrigens auch."
„Macht es dir Spaß?",
fragten die Leute.
„Was gefällt dir von allem
am besten?"
„Am besten
gefällt mir die Pause",
sagte der kleine Brüllbär.
„Da können wir essen,
da können wir trinken,
und spielen können wir auch."

Ingrid Uebe

Abzählreime

Pau Pauline, Apfelsine,
Apfelkuchen,
du musst suchen.

Eins, zwei, drei, vier, fünf,
Stiefel, Schuh und Strümpf,
Strümpfe, Stiefel, Schuh,
weg bist du.

Eins, zwei, drei, vier,
die Maus sitzt am Klavier,
am Klavier sitzt eine Maus,
und du bist raus.

Ene mene bick,
du …,
ene mene baus,
du …

X ax ux,
der rote Fuchs,
die graue Maus,
du musst raus.

1–2–3,
du bist …

7–8–9–10,
du musst …

✤ Lies oder nenne
deinen liebsten Abzählreim.

Fang-Spiele in der Pause

Elefanten-Hasche

Du bist der Fänger.
Strecke deinen rechten Arm aus.
Nun umspanne ihn mit dem linken so,
dass du mit der linken Hand
deine eigene Nase erfassen kannst.
Jetzt hast du einen „Rüssel".
Mit diesem „Rüssel" schlägst du
ein Kind ab. Das abgeschlagene Kind
ist nun der Fänger.

Schatten-Fange

Das ist ein Spiel für Sonnenwetter.
Du bist Fänger. Versuche,
den Schatten eines Mitspielers
mit dem Fuß zu berühren.
Das Kind, dessen Schatten
gehascht wurde, scheidet aus.

❖ Überlegt, welche Spiele ihr noch in der Pause gemeinsam spielen könnt. Vielleicht legt ihr euch eine kleine Spiele-Kartei an.

Abc-Reime

A B C D,
wenn ich zur Schule geh,
E F G H,
sind immer Freunde da,
I J K L,
beim Helfen gleich zur Stell,
M N O P,
bald tut der Kopf mir weh,
Q R S T U,
dann brauch ich endlich Ruh,
V W und X,
nur lernen, das bringt nix,
Y und Z,
mit Spaß wird es erst nett.

Mein Abc-Reim

A B C D E,
...
F G H I J K,
...
L M N O,
...
P Q R S T,
...
U V W X,
...
Y Z,
...

der Bauch tut mir so weh,

doch Mama, die ist da,

darüber bin ich froh,

ab ins Bett.

es geht alles fix,

Mama kocht mir Tee,

✦ Erfinde eine Melodie zu diesen Reimen.
   Es kann auch ein Buchstaben-Rap werden.

Wenn das M nicht wär erfunden

Wenn das **M** nicht wär erfunden,
wäre manches schief und krumm.
Denn dann hießen **M**ax und **M**oritz
Ax und Oritz. Das wär dumm.

Wenn das **S** nicht wär erfunden,
wäre manches schief und krumm.
Denn dann hieße die **S**abine
nur Abine. Das wär dumm.

Wenn das … nicht wär erfunden,
wäre manches schief und krumm.
Denn dann hieße …
nur … Das wär dumm.

nach James Krüss

✤ Wie wäre es mit deinem Namen? Probiere.

Schul-Abc

A Alphabet, Arbeitsblatt, …
B Bilder, Buch, Buntstifte, …
C Chor, Comic, Computer, …
D Deutschheft, Diktat, Dreieck, …
E Elternabend, Essenraum, …
F Federtasche, Ferien, Freunde, …
G Geburtstag, Grundschule, Gymnastik, …
H Hausmeister, Hefte, Hof, …
I Igel-Buch, Inhaltsverzeichnis, Instrumente, …
J Jan, Jenny, Jo-Jo, Jungen, …
K Kassettenrekorder, Kleber, Kreide, …
L Lehrer, Lese-Ecke, Lineal, …
M Mädchen, Mathematikbuch, Musik, …
N Nachbar, Namensliste, Naturecke, …
O Opernmusik, Ordner, Orff-Instrumente, …
P Pause, Pinsel, Pinnwand, Poster, …
Q Quadrat, Quatsch, …
R Radiergummi, Rätsel, Regal, …
S Schulhaus, Stuhlkreis, Stundenplan, …
T Tafel, Toilette, Turnhalle, …
U Uhren, Unterricht, Unterrichtsgang, …
V Verkehrsgarten, Vierertisch, …
W Wandertag, Wandtafel, Waschbecken, …
X Xenia, X-Wörter, Xylophon, …
Y Yoga, Ypsilon, Yvonne, …
Z Zahlen, Zeichenblock, Zettel, …

 Schreibe dein Klassen- oder Namen-Abc.

C wie Computertasten

Keine Angst. Die vielen Tasten musst du am Anfang nicht alle kennen. Suche erst einmal die wichtigsten auf deiner Tastatur und probiere sie immer wieder aus. Eine Partnerin oder ein Partner hilft dir bestimmt.

Zeichentasten:
Hier sind sie gelb.
Damit schreibst du Buchstaben, Zahlen und Satzzeichen wie bei einer Schreibmaschine.

Löschtaste:
Das ist die rote Taste rechts oben.
Damit kannst du Buchstaben „ausradieren".

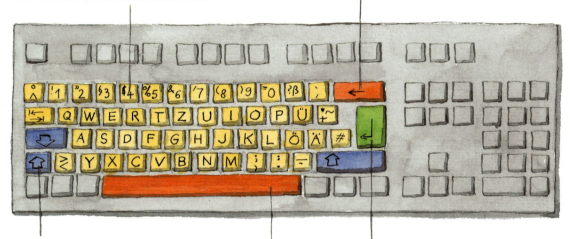

Umschalttasten:
Hier sind sie blau. Damit kannst du zwischen großen und kleinen Buchstaben umschalten oder Satzzeichen auswählen, wie zum Beispiel das Ausrufezeichen auf der Zahlentaste 1.

Eingabetaste:
Hier ist sie grün.
Damit kannst du beim Schreiben eine neue Zeile beginnen.
Manchmal dient sie auch dazu, Programme zu starten oder Befehle an den Rechner zu bestätigen.

Leertaste:
Das ist die lange rote Taste.
Damit erzeugst du einen Abstand zwischen zwei Wörtern.

✣ Probiere mit einem Partner die Tasten aus.
Schreibt eure Lieblingswörter auf.

Buchstabenwerkstatt

Bei einem Buchstabenfest könnt ihr zu jedem Buchstaben des Alphabets eine Buchstabenrolle gestalten. Es macht Spaß zu lesen, welche Ideen jeder zu seinem Buchstaben hat. Außerdem wiederholt ihr so das Abc.
Ihr könnt auch zu zweit oder in der Gruppe arbeiten.

So geht es: 1. Besorgt euch eine   oder   .

2. Beklebt sie mit weißem oder farbigem

3. Teilt alle Buchstaben des Abc unter euch auf.

4. Gestaltet und füllt die   zu eurem Buchstaben. Nutzt die Ideen der Seiten 20 und 21.

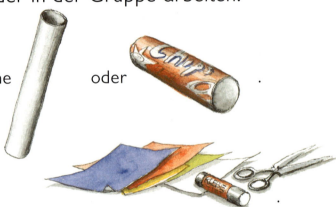

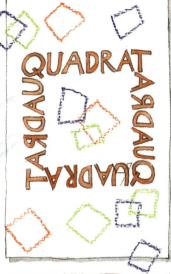

Zum Q, nun hör mal zu, gehört immer ein kleines u: Qu

Quintus quirlt quadratische Quitten.

Gesucht wird:
Ein Tier mit Qu.
Es kann schwimmen, es kann brennen und lebt im Meer.

Das schmeckt mir gut mit Qu: Quark Quittenmarmelade Quatsch mit Soße

Das macht mir Spaß mit qu: quatschen quietschen quasseln quirlen

Der Weg zur Schule

Im Winter, wenn es frieret,
im Winter, wenn es schneit,
dann ist der Weg zur Schule
fürwahr noch mal so weit.

Und wenn der Kuckuck rufet,
dann ist der Frühling da;
dann ist der Weg zur Schule
fürwahr noch mal so nah.

Wer aber gerne lernet,
dem ist kein Weg zu fern.
Im Frühling wie im Winter
geh ich zur Schule gern.

Heinrich Hoffmann von Fallersleben

✤ Dieses Gedicht haben schon deine Großeltern in der Schule gelernt. Lies es ihnen vor.
✤ Suche Wörter, die uns auf früher hinweisen.

Sofie und Olli holen Axel, Renate und den dicken Bernd

Sofie und Olli haben Angst vor dem Heimweg.
Gestern waren vor dem Fotoladen zwei Jungen.
Die haben Sofie und Olli geärgert und geboxt.

„Olli, was sollen wir tun?"
„Ich weiß was", sagt Olli.
Er holt Axel, Renate und den dicken Bernd
aus der zweiten Klasse.
Jetzt sind sie fünf.

Vor dem Fotoladen warten
die beiden Jungen wieder.
Auf einmal drehn sie sich um
und gucken ins Schaufenster.
Sofie ruft: „Bäh!"
„Nicht!", sagt Olli,
„die können auch Verstärkung holen."
Bernd lacht. „Aber heute
sind die mal die Dummen."

Peter Härtling

 Welche Stelle des Textes
passt zur Illustration?
Sage deine Meinung. Lies vor.

Echo …

Was essen die Studenten, … denten … ?   Enten.
Was isst denn der Herr Meier, … Meier … ?   Eier.

Kommt heute noch Schnee, … Schnee … ?   Nee.
Kommst du mit zu Susanne, … sanne … ?   Anne.

Wer macht so ein Geheule, … heule … ?   Eule.
Wer lacht da über mich, … mich … ?   Ich.

Was wollen die Rehe, … Rehe … ?   Ehe.
Was trinken die Schweine, … Schweine … ?   Weine.

Was gibt es zum Reis, … Reis … ?   Eis.
Wen sehen die Kinder, … Kinder … ?   Inder.

Lernt ihr im Klassenzimmer, … zimmer … ?   Immer.
Wer geht in unsre Klasse, … klasse … ?   Lasse.

Wen …
Wo …

✚ Teilt euch in Gruppen und ruft die Fragen und auch die Echos.
Besonders gut geht es in der Turnhalle oder in einem Tunnel.

In der Kuchenfabrik

Im Streuselkuchen ist Streusel,
im Pflaumenkuchen sind Pflaum',
im Marzipankuchen ist Marzipan,
im Baumkuchen ist ein Baum.

Im Kirschkuchen sind Kirschen,
im Obstkuchen ist Obst,
im Reibekuchen eine Küchenreibe,
ich hoffe, dass du ihn lobst.

Im Käsekuchen ist Käse,
im Hundekuchen ein Hund,
und wenn der Jens so weiterfrisst,
wird er noch kugelrund.

Franz Fühmann

Im Zitronenkuchen sind ...
im Apfelkuchen sind ...
im Mandarinenkuchen sind ...
im Papageienkuchen ist ein ...

Im Kartoffelkuchen sind ...
im Zwiebel ...
im Schneewittchen ...
im ...

Ein besonderer Schultag

Heute wird Wahid den Kindern seiner Klasse das Land Afghanistan vorstellen. Aus diesem Land stammt seine Familie. Gemeinsam mit seiner Lehrerin hat Wahid einen Plan für den Vormittag zusammengestellt.

Ländertag

Reise nach Afghanistan
Wir suchen Afghanistan auf dem Globus.

Länderschatzkiste
Wahid zeigt uns typische Dinge aus seinem Land.

Das ? ? ? ? ? – Interview
Wir stellen Wahid unsere Fragen. Er antwortet.

Vorlesezeit
Marie liest ein Märchen aus Afghanistan vor.

Bastelwerkstatt
Wir stellen nach afghanischen Teppichmustern kleine Lesezeichen her.

Singen und Tanzen
Wahids Mama zeigt uns afghanische Tänze.
Wir lernen ein Lied aus ihrem Land.

Festschmaus
Es gibt Tee, Kuchen und Knabbereien aus Afghanistan.

Das ? ? ? ? ? – Interview

Wie kommt es, dass deine Familie jetzt in Deutschland lebt?
In Afghanistan war mehr als 20 Jahre Krieg. Das waren schlimme Jahre. Deshalb verließen meine Mutter und mein Vater das Land. Meine Eltern haben sich aber erst in Deutschland kennen gelernt und hier geheiratet.

Hast du noch Verwandte in Afghanistan?
Alle meine Verwandten haben damals Afghanistan verlassen und leben heute in Deutschland und in Amerika.

Besuchst du manchmal Afghanistan?
In Afghanistan ist es auch heute noch gefährlich, deshalb kann ich es leider nicht besuchen.
Meine Familie versucht aber von hier aus unserem Land zu helfen.

Woran kann ein Mitschüler erkennen, dass du aus einem anderen Land kommst?
Ich gehe einmal in der Woche in eine afghanische Schule. Dort lerne ich in unserer Schrift lesen und schreiben. Außerdem bin ich Muslim und feiere alle Feste dieser Religion. Manchmal kocht Mama afghanisches Essen. Dazu gehört fast immer Reis.

Was bedeutet dein Name in unserer Sprache?
Wahid bedeutet: Allah ist der Einzige. Allah nennen wir unseren Gott.
So schreibt man meinen Namen in unserer arabischen Schrift:

وحید

Führe ein Interview mit einem Mitschüler, dessen Familie aus einem anderen Land kommt.

Hexereien

In 'ner Schule in Berlin
hext die Hexe Hexarin:

Klassen in
Kassen

Stifte in
Lifte

Bücher in
Tücher

Kinder in
Rinder

Tische in
Fische

Ranzen in
Wanzen

Hosen in
…

Pause in
Brause

Mappen in
Lappen

Kreide in
Seide

Vasen in
H…

Bilder in
Sch…

Schränke in
B…

Röcke in
…

…
…

Eine Quatschgeschichte

Eine Lehrerin ist aus der Klasse gegangen,
und die Schulkinder waren
einen Augenblick ganz alleine.
Sie sind von ihren Stühlen aufgestanden.
Sie sind in der Klasse herumgerannt.
Sie sind auf die Tische geklettert.
Sie haben sich auf dem Fußboden gewälzt.
Sie haben ganz dollen Quatsch gemacht.
Und es ist laut gewesen, so laut!
Die Lehrerin hat es draußen gehört.
Sie ist ganz schnell gekommen.
Sie hat die Tür aufgemacht, und sie hat …

Quatsch gemacht.
Sie hat nämlich auch gerne
Sie hat gelacht.
Die Lehrerin hat nicht geschimpft.
Ausgeruht! Ausgeruht!

Elisabeth Stiemert

✤ Überlege, was die Lehrerin tun könnte.
Nimm einen Spiegel.
Lies dann, was sie wirklich machte.

Lothars Papa

Lothars Papa erzählt auch oft
von der Schule. Das nervt.
Papa war nämlich überall super.
Auch im Turnen, sagt er.
Das kann Lothar kaum glauben.
Papa mit seinem dicken Bauch!

Er keucht schon, wenn er einen
Kasten Bier die Treppe hochträgt.
Aber im 50-Meter-Lauf
war er immer der Schnellste
und im Weitsprung der Weiteste.
Und im Rechnen sowieso der Beste.

Auch im Lesen war Papa
unschlagbar.
Schon im Kindergarten
hat er ganze Bücher gelesen,
oder noch früher.
Lothar stellt sich vor,
wie Papa im Kinderwagen liegt
und Bücher liest.

„Bestimmt wirst du
ein guter Schüler,
mein Filius!", sagt Papa.
„Ich bin stolz auf dich!"
Lothar kann das nicht leiden.
Erstens turnt er nicht gern.
Und ganze Bücher kann er
auch noch nicht lesen.

Immer will Papa,
dass ich so gut bin wie er,
denkt Lothar.

Erhard Dietl

✤ Was stimmt? Lothars Papa erzählt von sich:
- Ich war im Turnen super.
- Ich war im Zeichnen super.
- Im Singen war ich unschlagbar.
- Im Lesen war ich unschlagbar.

31

Übungstipps für zwei Lesefreunde

Suche dir eine Übungspartnerin oder einen Übungspartner.
Betrachte das Herbstbild auf S. 33.

Schreibe nun vier Dinge auf Wortkärtchen,
die man auf dem Bild sieht.

Denke dir anschließend drei Dinge aus,
die man nicht auf dem Bild sieht.
Schreibe sie auch auf Wortkärtchen.

Kontrolliere deine Wörter.

Tausche mit deinem Partner die Kärtchen aus.
Arbeite nun mit den Wörtern deines Partners.

Lege die passenden Wörter auf das Bild.
Finde die drei Wörter, die nicht auf dem Bild zu finden sind.
Prüft eure Lösungen gegenseitig.

Im Herbst

Herbst
Die Bäume brauchen ihr Laub nicht mehr.
Die kahlen Äste tragen jetzt
Vögel.

Georg Bydlinski

Herbstanfang

Die Felder sind leer
Papiervögel
flattern am Himmel

Lass uns
Holz sammeln
und Kerzen und Bücher

Bald kommen
kältere Tage

Anne Steinwart

Vogelabschied

Es kommt die Zeit,
es kommt die Zeit,
wir ordnen uns zu Zügen.
Wir müssen weit,
wir müssen weit
und fliegen, fliegen, fliegen.

Es fällt so schwer,
es fällt so schwer,
zu scheiden, liebe Kinder.
Wir fürchten sehr,
wir fürchten sehr
den Winter, Winter, Winter.

Bruno Horst Bull

✤ Überlegt, wie ihr das Gedicht in kleinen Gruppen gemeinsam gestalten könnt.

Eine Blättergeschichte

Einmal hat ein Kind Blätter gesucht.
Es ist im Park über den Rasen gelaufen
und von einem Baum zu dem nächsten gegangen.

Unter der Birke hat das Kind Birkenblätter gefunden.
Unter der Linde hat das Kind Lindenblätter gefunden.
Unter der Eiche hat das Kind Eichenblätter gefunden.
Unter der Kastanie hat das Kind Kastanienblätter gefunden,
und unter der Tanne hat das Kind …

Angeführt! Angeführt!
Unter der Tanne hat das Kind eine Glasmurmel gefunden.
Das Kind hat sie in die Hosentasche gesteckt
und mit nach Hause genommen.

Elisabeth Stiemert

 Setze fort.
Unter dem Ahorn …
Unter der Buche …
Unter der Akazie …
Unter der Weide …
Unter der Ulme …
und unter der Kiefer …

Vergleiche mit dem Text auf Seite 29.

Natur-Memory

Du brauchst:
- Herbstfrüchte (Kastanien, Eicheln, Nüsse, Bucheckern, Hagebutten, Zapfen, ...)
- leere Rollen vom Toilettenpapier
- Stifte, Kleber

So geht es:
- Schneide die Papierrollen der Länge nach mit der Schere in zwei Hälften.
- Nimm jeweils eine Frucht und klebe sie auf eine Hälfte.
- Beschrifte nun die andere Hälfte mit dem Namen der Frucht.
- Nun kann das Memory-Spiel starten. Mit mehreren Kindern macht es besonders viel Spaß.

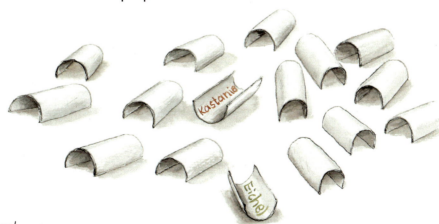

✚ *Spielregel*
Decke immer zwei Hälften auf.
Wenn du die Frucht und die passende Beschriftung findest, hast du ein Paar. Wenn nicht, so verdecke die Hälften und merke dir gut, was darunter liegt.

Schnupfenzeit

Wenn bei Kindern Nasen laufen,
Eltern sich die Haare raufen,
ist es wieder mal so weit:
Ohren-, Halsweh-, Schnupfenzeit.

Kindernasen blinken rot,
Ohrenschmerzen machen Not.
„Mama, hilf, ich riech nichts mehr,
und das Schlucken fällt mir schwer!"
„Hab Geduld, du wirst schon sehen,
morgen wird 's dir besser gehen!"

Und wenn das Kind – gesund – kann scherzen,
beginnt 's in Mamas Hals zu schmerzen …

KNISTER

Nasenküsse schmecken gut,
Nasenküsse gehn ins Blut,
aber eines muss man wissen:
Man soll nie mit Schnupfen küssen!

Rolf Zuckowski

Schnupfengefahr

Überall lauern Krankheitserreger auf uns.
Sie heißen Viren (sprich: Wieren).
Man kann sie nicht einmal
mit der Lupe erkennen,
so klein sind sie.
Wenn wir frieren, sehr müde und
schlapp sind, ist unser Körper geschwächt.
Dann schleichen sich die Viren über die Nase
und den Mund in unseren Körper ein.
Wir bekommen Schnupfen, Husten, Halsweh.
Manchmal müssen wir sogar im Bett bleiben,
weil wir Fieber haben.
Eine solche Erkältung ist aber nicht so gefährlich.
Nach einer Woche ist meist schon alles vorbei.

✤ Finde die Antwort im Text:
 • Was sind Viren?
 • Wann können sie sich in den Körper einschleichen?

Nebel

Nebel, Nebel – grau wie Rauch.
Gespenstisch jedes Licht –
jeder Baum – jeder Strauch.
Die kahlen Äste sind kaum zu sehen.
Irgendwo oben
krächzen Krähen.
Und die Menschen huschen
wie Schatten vorbei.

Und dort in der Ferne!
Was mag das sein?
Ein Ungeheuer?
Mit Augen wie Feuer?
Ja! Es bewegt sich –
es wälzt sich heran!
Du hältst voller Angst
den Atem an.

Doch dann –
dann lachst du dich selber aus:
Kein Untier – ein Auto
hält vorm Haus.

Elly Demmer

✤ Suche die Stelle im Text, die genau zur Illustration passt.

Herbst-Elfchen

Herbstsonne
scheint hell
Blätter fallen runter
Sonnenschein in goldenen Blättern
schön

Magdalena

Nebel
morgens aufwachen
alles ist trüb
Nebelsuppe vor dem Fenster
grau

Semy

Herbstwind
so heftig
du wunderbarer Wind
du lässt Drachen steigen
Super

Isy

Novemberregen
du nasser
du bist schön
ich mag deine Pfützen
patsch

Vanessa

Sturm
… …
… … …
… … … …
…

✤ Finde heraus, wie man Elfchen schreibt.

Der kleine Siebenschläfer

Der kleine Siebenschläfer möchte spielen.
Er sucht seine Freunde.
Doch das Nest der Haselmaus ist heute leer.

Auch der Frosch ist nirgends zu sehen.
Die anderen Siebenschläfer sind nicht mehr in der Scheune.

Der Igel hat sich ins Laub eingegraben und schläft. Was ist bloß mit den Freunden los?
Nur ein Hase schaut dem kleinen Siebenschläfer erstaunt nach.

Vom langen Suchen ist der kleine Siebenschläfer hungrig geworden.
Aber er findet nur eine einzige Himbeere.

Traurig setzt sich der kleine Siebenschläfer ins Laub.
Auch die Meise findet kein Futter mehr.

Der kleine Siebenschläfer ist müde und friert. Plötzlich fallen weiße Flocken auf sein Fell.

Am liebsten würde er jetzt einschlafen – aber doch nicht hier draußen, im Schnee!
Er braucht doch genauso wie Haselmaus, Frosch und Igel ein warmes Plätzchen für den Winterschlaf!

Rasch gräbt er ein Loch.
Er polstert es mit Laub aus und rollt sich zufrieden darin zusammen.

Susanne Riha

Der Igel

In der Dämmerung raschelt und schnauft es
im Gebüsch am Waldrand. Ein Igel ist unterwegs.
Sein Schnäuzchen hat er ständig am Boden.
Er sucht nach Insekten, Schnecken und Würmern.
Oft gräbt er Mäusenester aus. Frösche, Kröten und
Eidechsen gehören zu seiner Nahrung.
Sogar Schlangen frisst er.
Obst, Beeren und Pilze nimmt er ebenfalls.
Sein Speisezettel ist also sehr reichhaltig.
Er vertilgt viele Schädlinge und ist sehr nützlich für uns.
Der Igel steht deshalb unter Naturschutz.

Unter Reisighaufen baut der Igel
aus Laub und Moos sein Nest.
Meistens hat er drei bis sieben Junge.
Nur das Weibchen zieht die Jungen auf.
Im Winter hält der Igel im Versteck seinen Winterschlaf.

nach Juri Dimitrijew

✢ *Finde alle richtigen Antworten heraus:*
  Was frisst der Igel?
  • Insekten, Schnecken, Würmer, Mäuse
  • Gräser und Blumen
  • Eidechsen, Frösche, Kröten, Schlangen
  • Obst, Beeren und Pilze

  Warum steht er unter Naturschutz?
  • Er sieht so niedlich aus.
  • Der Igel vertilgt viele Schädlinge
    und ist deshalb nützlich.
  • Der Igel ist ein Lebewesen.

Igelfragen – Igelantworten

Wenn ein gesunder Igel mitten auf der Straße sitzt,
darfst du ihn anfassen und in Sicherheit bringen.
Dazu fasst du mit beiden Händen
seitlich unter den Bauch des Igels.
Trage ihn dann in seiner Laufrichtung
ins nächste Gebüsch.

Im Herbst suchen sich Igel
einen Platz für den Winterschlaf.
Solch ein Versteck kann in einer Hecke,
alten Laubhaufen, Holzstößen
oder Steinhaufen sein.

Igel sind Wildtiere.
Sie suchen ihr Futter selbst.
Sollte ein Igelkind im Herbst
in eurem Garten sein,
kannst du ihm helfen, dass es sich
etwas Wintervorrat anfrisst.
Stelle ihm abends Trockenfutter
oder etwas Rinderhackfleisch hin.
Auch ein Schälchen Wasser hilft ihm.

✤ *Lies die Antwort zu jeder Frage vor:*
  Wo hält der Igel Winterschlaf?
  Darf man Igel anfassen?
  Wann darf man Igel füttern?

Die Legende* vom Heiligen Martin

Martin lebte vor vielen hundert Jahren als Soldat.
An einem bitterkalten Winterabend
ritt Martin zurück zu seiner Kaserne.
Vor dem Kasernentor traf er auf einen armen Mann.
Dieser war nur mit Lumpen bekleidet.
Er saß auf dem Boden und fror schrecklich.
Da bekam Martin Mitleid.
Er zog sein Schwert und schnitt damit
seinen großen, roten, warmen Soldatenmantel
in zwei Teile. Die eine Hälfte gab er
dem zitternden Mann.

Später wurde Martin ein Mönch in einem Kloster.
Da er auch hier sehr hilfsbereit und freundlich war,
sollte er Bischof werden. Doch Martin
war viel zu bescheiden.
Er verkroch sich in einem Gänsestall.
Weil die Gänse erschrocken schnatterten,
fanden ihn die Leute.
So wurde er schließlich doch Bischof.
Und noch heute spricht man
von Martinsgänsen
und denkt an Martin.

Am 11. November, seinem Namenstag,
ziehen Kinder und Erwachsene
mit Laternen umher und singen Martinslieder.

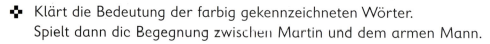

✤ Klärt die Bedeutung der farbig gekennzeichneten Wörter.
Spielt dann die Begegnung zwischen Martin und dem armen Mann.

* Legende: Geschichte über einen Heiligen

Ich geh mit meiner Laterne

Ich geh mit meiner Laterne und meine Laterne mit mir. Dort oben leuchten die Sterne und unten leuchten wir. Mein Licht ist aus, ich geh nach Haus, ra-bim-mel, ra-bam-mel, ra-bum.

✤ Sucht weitere Lieder und Gedichte, die zum Martinstag passen.
Bastelt euch selbst eine Laterne.

Der Baum

Die roten Blätter liegen im Gras,
sie hingen gestern alle am Baum.
Nun ist der Baum kahl,
und er hat noch einen Traum.

Er träumt, daß er im dicken Stamm
schon all die neuen Blätter hält.
Da tut ihm der kalte Schnee nicht weh,
wenn er auf ihn fällt.

Volker Braun

✤ Male ein Bild zur ersten oder zweiten Strophe.

Dieser Text verwendet die bis 1998 gültige, heute überholte Rechtschreibung und Zeichensetzung.

In der Familie

Die Sonntagmorgenmeise
Die Meise hat aufs Dach gepickt.
    So?
Die Meise hat mich wachgepickt.
    Und dann?
Dann habe ich mich wachgeblickt.
    Und nun?
Nun bin ich hier.
    Was wirst du tun?
Darf ich ins Bett zu dir?

Reiner Kunze

Zu Hause

Zu Hause spielt Tom mit den Nachbarskindern.
Und manchmal auch mit Marie,
obwohl die noch sehr klein ist.
Sie hat schließlich gerade erst laufen gelernt.
Und dann gibt es noch Puck.
Er ist Toms Hund und hat ein wildes, braunes Zottelfell.
Toms Lieblingsspeise sind heiße Spagetti mit Tomatensoße.
Die kann man prima schlürfen.
Wenn es regnet, malt Tom am liebsten
mit bunten Fingerfarben riesige Bilder.
Und er spielt gern Mundharmonika.
Tom findet es schön, wenn es laut und wild zugeht.
Am besten den ganzen Tag.
Doch am Abend mag er es ruhig und gemütlich.
Dann wickelt ihm Mama sorgfältig
seine kalten Zehen in die warme Bettdecke
und singt ihm leise ein Schlaflied vor.
Und haucht ihm zarte Gute-Nacht-Küsschen
auf die Nasenspitze.

Jana Frey

✤ Lies alle Dinge vor, die Tom braucht, um sich wohl
zu fühlen. Was ist für dich davon wichtig?
*Gute-Nacht-Küsschen, Gute-Nacht-Lied,
Gute-Nacht-Geschichte, …*

Laut

Es kommt auch manchmal vor,
dass Vater und Mutter verschiedener Meinung sind.
Dann diskutieren sie darüber.
Ziemlich laut oft …
Großmutter denkt dann, die beiden zanken sich,
doch das tun sie nicht.
„Wir wollen miteinander leben und arbeiten",
sagt Mutter dann. „Das heißt doch nicht,
dass wir immer dieselbe Meinung haben."

Ingrid Bachér

Nach einem Streit

Weißt du, wie das ist,
traurig zu sein,
sich ganz allein
zu fühlen?
Du gibst mir
nicht mal einen Kuss,
sagst: „Schluss,
es ist Zeit, schlafen zu gehn!"
Ich liege da
mit all meiner Wut.
Mir geht es nicht gut!

Regina Schwarz

Manches ist bei Paule anders

Bei anderen Kindern ist alles ganz einfach.
Sie wachsen bei einer Frau im Bauch, und dann werden sie geboren,
und die Frau nimmt sie mit nach Hause, und die ist dann auch ihre Mutter.
Und wenn sie Glück haben, sind da meistens noch ein Vater
und vielleicht auch Geschwister und ganz vielleicht sogar ein Hund.

Bei Paule ist das alles anders. Einen Hund hat er sowieso nicht,
klar, obwohl er sich den nun wirklich schon lange gewünscht hat
und ihn ganz bestimmt auch immer spazieren führen würde
und füttern und einmal im Monat sogar abseifen,
damit er nicht stinkt.

Und Geschwister hat er auch nicht,
was nicht so schlimm ist wie keinen Hund haben.
Geschwister haben ist nämlich manchmal auch nicht so schön.
Besonders ältere Schwestern oder Babys,
das weiß Paule von Andreas, der hat beides.

Natürlich hat Paule Mama und Papa. Aber das ist es eben.
Die sind auch nicht so wie bei anderen Kindern. Sie haben Paule
aus einem Heim geholt, als er ganz winzig war, nicht aus Mamas Bauch.

„Du warst ein Glücksgriff", sagt Papa, wenn er mit Paule Fußball
spielt und eine Pause machen muss, weil er nicht mehr kann.
„Stell dir vor, sie hätten uns einen Jungen gegeben,
der nicht Fußball spielen mag!" – „Oder ein Mädchen", sagt Paule.
Aber Papa mag Mädchen und sagt,
es gibt auch welche, die Fußball spielen.
„Ein Mädchen holen wir uns auch noch mal irgendwann",
sagt Papa. „Aber erst einmal einen Fußballer,
darauf musste ich bestehen."

Kirsten Boie

✤ Erzähle, was bei Paule anders ist.

Familien

Es gibt ganz unterschiedliche Familien:
Kinder können mit Müttern, Vätern,
Onkeln, Tanten, älteren Geschwistern,
Großeltern, Stiefeltern, Pflegeeltern,
Adoptiveltern oder auch Freunden
zusammenleben.
Deine Familie kann außer dir
nur aus einer weiteren Person oder
auch aus 20 Personen bestehen.
Egal, ob sie jung oder alt,
Frauen oder Männer sind,
wichtig ist nur, dass sie dich lieb
haben und sich um dich kümmern.

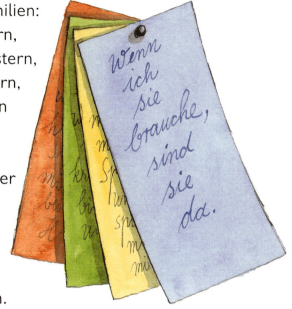

Wir sind zu Hause drei: meine Mutter, Rolf und ich.
Rolf ist wie ein richtiger Vater zu mir.
Wir spielen oft Fußball oder fahren Rad.
Beim Reparieren helfe ich Rolf. Dann sagt er Kumpel zu mir.
Nur Mama ist manchmal traurig, weil sie keine Arbeit hat.

Tom, 8 Jahre

✥ Überlege, was deine Familie für dich tut. Schreibe es in ein Herz-Leporello, in einen Familien-Fächer oder in …

Anna und das Baby

Anna ist mit den Schularbeiten fertig.
Sie will sie Mama zeigen.
Aber Mama liegt auf dem Sofa und schläft.
Anna geht zurück in ihr Zimmer.
Sie blättert in ihrem Lesebuch,
aber sie kann jetzt nicht lesen.
Es ist so still im Haus.
Unheimlich still.
Anna legt das Buch weg
und schleicht ins Schlafzimmer
von Mutti und Papa.
Dort steht Fabians Wiege.
Fabian ist wach.
Anna streicht sacht
über seine kleinen Hände.
Dann gibt sie ihm den Zeigefinger,
und Fabian hält ihn fest.
„Ich bin Anna, deine Schwester",
flüstert Anna.
„Wir werden uns bestimmt bald
gut vertragen.
Du darfst nur nicht immer
so viel schreien.
Sonst werde ich böse."
Fabian guckt Anna
mit seinen großen Augen an.

Manfred Mai

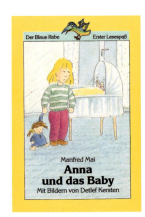

Meine Schwester und ich

Sie macht 's gut,
ich mach 's schlecht.
Sie macht 's euch
immer recht.

Ich mach 's anders,
sie macht 's so,
ich mach euch zornig,
sie euch froh.

Sie ist leise,
ich bin laut,
und ich bin es,
der sie haut.

Sag ich nein,
sagt sie ja,
und wer lieb ist,
ist doch klar.

Immer sie,
niemals ich.
Und ich frag:
Wer mag mich?

Regina Schwarz

Uta Bettzieche nach Paul Maar

❖ Geht es dir manchmal auch so?
   Erzähle.

Wer lacht denn da?

Simon hat eine kleine Schwester bekommen.
„Kann sie denn schon laufen?", fragt Miriam.
„Nein", antwortet Simon,
„laufen kann sie noch nicht, aber Beine hat sie schon!"

> Als ich noch ein Baby war,
> Als ich ein Baby war,
> habe ich immer zum
> Mittagessen im Spinat
> rumgemanscht. Und zum
> Schmetterling habe ich
> „Metablink" gesagt.
> Sophie Westenberger

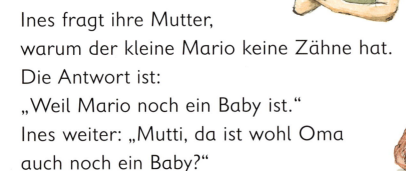

Ines fragt ihre Mutter,
warum der kleine Mario keine Zähne hat.
Die Antwort ist:
„Weil Mario noch ein Baby ist."
Ines weiter: „Mutti, da ist wohl Oma
auch noch ein Baby?"

„Opa, du hast ja keine Haare mehr …!"

„Kind, das kommt vom Alter!"

„Opa, du hast ja auch gar keine Zähne mehr …!"

„Kind, das kommt vom Alter!"

„Opa, mit dem kleinen Schwesterchen,

da haben sie uns wahrscheinlich angeschmiert.

Es hat auch keine Haare und keine Zähne.

Das ist bestimmt nicht mehr neu!"

Die besten Witze

gesammelt und mit dem Computer aufgeschrieben von der Klasse 2b

Ein Hasenjunges fragt seine Mutter: „Gestern habe ich gehört, dass der Storch die Menschenkinder bringt. Und wo komme ich eigentlich her?"
Da sagt die Häsin: „Dich hat ein Zauberer aus seinem Hut gezogen. Und nun friss weiter."

Mario

✜ Wähle aus:
- Erzähle einen Witz von kleinen Kindern.
- Schreibe gute Witze aus einem Witzbuch heraus.
- Erzähle oder schreibe eigene Baby-Erinnerungen auf.

Liebste Mecker-Oma

„Tina, aufräumen", sagt Oma.
Sie schaut auf das Durcheinander
in Tinas Zimmer.
Legosteine und Puppen,
Kleider und Bücher,
Autos und Bilder,
ein Malkasten und Murmeln …

Tina sitzt in der Ecke und malt.
Tina hört Oma gar nicht zu.
Was Oma immer will!
„Du sollst aufräumen!", sagt Oma noch mal.
„Du bist ja eine richtige Rumpel-Tina!"
Tina hört auf zu malen. Sie ärgert sich.
Dann sagt sie:
„Und du bist eine Rumpel-Oma!
Und eine Mecker-Oma!"
Ob Oma jetzt wütend wird?

Tina hält die Luft an.
Oma hält auch die Luft an.
Tina schaut zu Oma.
Oma schaut zu Tina.
Dann müssen sie beide
auf einmal lachen.

„Plapper-Tina!", ruft Oma.
„Mecker-Oma", sagt Tina.
„Hampel-Tina", sagt Oma.
„Pumpel-Oma!", ruft Tina.
Sie schauen sich an und lachen.
„Und wer räumt jetzt auf?", fragt Oma.
„Die Rumpel-Plapper-Tina", sagt Tina.
„Und die Rumpel-Mecker-Oma hilft ihr", sagt Oma.

Elisabeth Zöller

Der Lehnstuhl

Großvater ist gestorben.
Vor Jahren schon.
Sein Lehnstuhl steht auf dem Dachboden,
mitten unter anderem Gerümpel.
In diesem Stuhl saß er immer und rauchte seine Pfeife.
Manchmal lag die Katze auf seinem Schoß und schlief.
Es war sehr gemütlich bei Großvater.
Inzwischen ist auch die Katze alt geworden.
In letzter Zeit geht sie immer auf den Dachboden
und schläft lange in Großvaters Lehnstuhl.

Erwin Moser

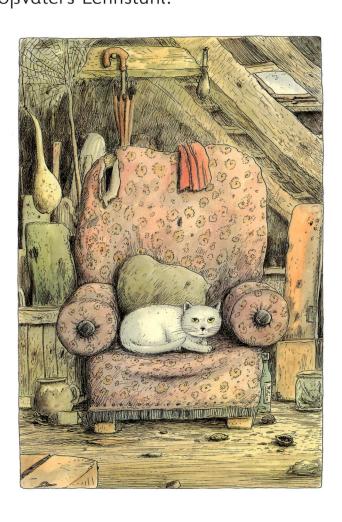

Ich bin allein, und die Uhr tickt

Ma – ma, Pa – pa,
Ma – ma, Pa – pa,
Mam – pa, Mam – pa.

PAM – MA. PAM – MA.
PAM – MA. PAM – MA.

Mam – pa, Mam – pa,
Ma – ma, Pa – pa,
Ma – ma, Pa – pa.

Klick – klack.
Der Schlüssel im Schloss.

Gott sei Dank,
da kommen sie,
Mama und Papa.

Jetzt bin ich
nicht mehr allein.

Wolf Harranth

Märchenzeit

Hänsel und Gretel verliefen sich im Wald.
Dort war es finster und auch so grimmig kalt.
Sie kamen an ein Häuschen mit Pfefferkuchen fein:
Wer mag der Herr wohl von diesem Häuschen sein?

November

Es kommt eine Zeit,
da lassen die Bäume
ihre Blätter fallen.
Die Häuser rücken
enger zusammen.
Aus dem Schornstein
kommt ein Rauch.

Es kommt eine Zeit,
da werden die Tage klein
und die Nächte groß,
und jeder Abend hat
einen schönen Namen.

Einer heißt Hänsel und Gretel.
Einer heißt Schneewittchen.
Einer heißt Rumpelstilzchen.
Einer heißt Katherlieschen.
Einer heißt Hans im Glück.
Einer heißt Sternentaler.

Auf der Fensterbank
im Dunkeln,
dass ihn keiner sieht,
sitzt ein kleiner Stern
und hört zu.

Elisabeth Borchers

Märchen-Reime

„Heute back ich, morgen brau ich,
übermorgen hol ich der Königin ihr Kind;
ach, wie gut, dass niemand weiß,
dass ich ... heiß!"

„Ihr zahmen Täubchen, ihr Turteltäubchen,
all ihr Vöglein unter dem Himmel,
kommt und helft mir lesen,
die guten ins Töpfchen,
die schlechten ins Kröpfchen."

„Spieglein, Spieglein an der Wand,
wer ist die Schönste im ganzen Land?"

„Was rumpelt und pumpelt
in meinem Bauch herum?
Ich meinte, es wären sechs Geißlein,
so sind 's lauter Wackersteine."

„Ach, schüttel mich, schüttel mich,
wir Äpfel sind alle miteinander reif."

„Knusper, knusper, knäuschen,
wer knuspert an meinem Häuschen?"

✤ Aus welchen Märchen sind diese Reime?
Sucht in einem Märchenbuch. Gestaltet mit euren Eltern
oder Großeltern einen Märchennachmittag.

Die große Rübe

Der Großvater hat ein Rübchen gesteckt und gesagt:
„Wachse, mein Rübchen, wachse, werde süß!
Wachse, mein Rübchen, wachse, werde fest!"

Das Rübchen wuchs und wurde süß und fest
und groß – riesengroß.
Der Großvater geht, die Rübe zu ziehen.
Er zieht und zieht –
er kann sie nicht herausziehen.

Der Großvater ruft die Großmutter.
Großmutter fasst den Großvater,
Großvater fasst die Rübe.
Sie ziehen und ziehen –
sie können sie nicht herausziehen.

Die Großmutter ruft das Enkelchen.
Das Enkelchen fasst die Großmutter,
Großmutter fasst den Großvater,
Großvater fasst die Rübe.
Sie ziehen und ziehen –
sie können sie nicht herausziehen.

Das Enkelchen ruft das Hündchen.
Das Hündchen fasst das Enkelchen,
das Enkelchen fasst die Großmutter,
die Großmutter fasst den Großvater,
der Großvater fasst die Rübe.
Sie ziehen und ziehen –
sie können sie nicht herausziehen.

Das Hündchen ruft das Kätzchen.
Das Kätzchen fasst das Hündchen,
das Hündchen fasst das Enkelchen,
das Enkelchen fasst die Großmutter,
die Großmutter fasst den Großvater,
der Großvater fasst die Rübe.
Sie ziehen und ziehen –
sie können sie nicht herausziehen.

Das Kätzchen ruft das Mäuschen.
Das Mäuschen fasst das Kätzchen,
das Kätzchen fasst das Hündchen,
das Hündchen fasst das Enkelchen,
das Enkelchen fasst die Großmutter,
die Großmutter fasst den Großvater,
der Großvater fasst die Rübe.
Sie ziehen und ziehen –
und heraus ist die Rübe.

Russisches Volksmärchen

✜ Spielt dieses Märchen. Wenn ihr Lust habt,
denkt euch weitere Helfer aus. Ihr könnt euch
auch Kostüme und eine Rübe basteln.

Prinzessin auf der Erbse

Es war einmal ein Prinz, der wollte eine Prinzessin heiraten,
aber es sollte eine wirkliche Prinzessin sein.
Durch die ganze Welt war er gereist.
Viele Prinzessinnen hatte er getroffen, aber nie war er
sich sicher, ob es denn eine echte Prinzessin wäre.
So war er traurig wieder in sein großes Schloss
zurückgekehrt, als ein furchtbares Gewitter aufzog.
Plötzlich hörte er lautes Gelächter.
Die Diener führten ein Mädchen in den Saal,
das war klatschnass und hässlich.
Dieses Mädchen weinte und erklärte allen,
dass es doch eine echte Prinzessin wäre.
Das werden wir gleich wissen,
dachte die alte Königin und ging ins Schlafzimmer.
Dort packte sie eine Erbse auf den Boden der Bettstelle.
Darauf türmte sie zwanzig Matratzen und darüber noch
zwanzig Daunenbetten.
Darauf musste die Prinzessin die ganze Nacht liegen.
Am Morgen wurde sie gefragt, wie sie geschlafen hätte.
„Oh, schrecklich schlecht!", antwortete sie.
„Ich habe kein Auge zubekommen.
Etwas Hartes quälte mich,
dass ich ganz grün und blau am Körper bin."
Da war sich die Königin sicher:
So empfindlich konnte nur eine wahre Prinzessin sein.
Der Prinz aber heiratete sie und schmückte sie gar wunderschön.
Die Erbse jedoch kann jedermann im Museum bewundern.

nach Hans Christian Andersen

✤ Lies genau nach, wie das Bett der Prinzessin aussieht.
Baue es nun mit deinem Partner in einem Schuhkarton
nach. Du kannst es auch malen.

Der goldene Schlüssel

Zur Winterszeit, als einmal ein tiefer Schnee lag,
musste ein armer Junge hinausgehen und
Holz auf einem Schlitten holen.
Wie er es nun zusammengesucht und
aufgeladen hatte, wollte er,
weil er so erfroren war, noch nicht nach Haus gehen,
sondern erst Feuer anmachen und
sich ein bisschen wärmen.
Da scharrte er den Schnee weg,
und wie er so den Erdboden aufräumte,
fand er einen kleinen, goldenen Schlüssel.
Nun glaubte er, wo der Schlüssel wäre,
müsste auch das Schloss dazu sein,
grub in der Erde und fand ein eisernes Kästchen.
„Wenn der Schlüssel nur passt!", dachte er,
„es sind gewiss kostbare Sachen in dem Kästchen."
Er suchte, aber es war kein Schlüsselloch da,
endlich entdeckte er eins, aber so klein,
dass man es kaum sehen konnte.
Er probierte und der Schlüssel passte glücklich.
Da drehte er einmal herum und nun …

Brüder Grimm

✤ Was geschieht weiter? Erzähle.
Du kannst auch schreiben,
malen, basteln oder es vorspielen.

Vom dicken, fetten Pfannkuchen

Ein dicker, fetter Koch hatte einen dicken, fetten Pfannkuchen gebacken. Sieben Kinder standen um ihn herum und bettelten: „Lieber Koch, gib uns den dicken, fetten Pfannkuchen!"
Das hörte der Pfannkuchen, sprang aus der Pfanne und rannte – kantipper, kantapper – in den Wald.
Er rannte und rannte – kantipper, kantapper.

Kam Häschen Langohr. Rief: „Dicker, fetter Pfannkuchen, bleib stehen, ich will dich fressen!"
Lachte der dicke, fette Pfannkuchen, rannte und rannte – kantipper, kantapper.

Kam Wolf Scharfzahn. Rief: „Dicker, fetter Pfannkuchen, bleib stehen, ich will dich fressen!"
Lachte der dicke, fette Pfannkuchen, rannte und rannte – kantipper, kantapper.

Kam Schwein Ringelschwanz. Rief: „Dicker, fetter Pfannkuchen,
bleib stehen, ich will dich fressen!"
Lachte der dicke, fette Pfannkuchen, rannte und rannte –
kantipper, kantapper.
Aber Schwein Ringelschwanz rannte hinterher.

Kam der dicke, fette Pfannkuchen an einen Bach
und konnte nicht hinüber. Sagte Schwein Ringelschwanz:
„Setz dich auf meinen Rüssel, ich trag dich hinüber!"

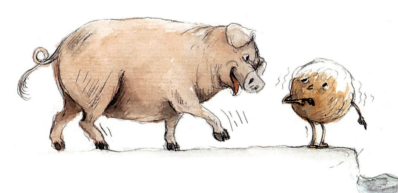

Aber kaum saß der dicke, fette Pfannkuchen auf dem Rüssel,
schüttelte Schwein Ringelschwanz auch schon den Kopf,
schleuderte den dicken, fetten Pfannkuchen in die Luft,
fing ihn wieder und fraß ihn.
Aus war 's mit dem dicken, fetten Pfannkuchen,
und aus ist unser Märchen.

Deutsches Volksmärchen

Kennst du dieses Märchen?

✣ Betrachte die Bilder des Bilderbogens genau.
Was fällt dir auf?
Erzähle nun das Märchen.

Rotkäppchen

Es war einmal ein Mädchen,
das wurde von allen Leuten
Rotkäppchen genannt.
Eines Tages sagte seine Mutter:
„Rotkäppchen, geh hinaus
zur Großmutter und bring ihr
Kaffee und Kuchen.
Aber geh nicht vom Weg ab
und komm wieder heim,
bevor es dunkel ist."
Rotkäppchen nahm den Korb
mit Kaffee und Kuchen
und machte sich auf den Weg.
Als es ein ganzes Stück gegangen war,
kam plötzlich der Wolf.
„Wohin gehst du?", fragte er.
„Zu meiner Großmutter",
antwortete Rotkäppchen.
„Wo wohnt deine Großmutter?"
Rotkäppchen überlegte nicht lange
und sagte: „Du musst
bis zu der großen Eiche laufen.
Dann siehst du rechts
ein kleines Haus am Waldrand.
Da wohnt sie, meine Großmutter."
Der Wolf lief schnell davon.
Rotkäppchen aber ging singend
in die andere Richtung, denn
in dem kleinen Haus
am Waldrand wohnte
in Wirklichkeit der Jäger.

Manfred Mai

✤ Vergleicht diesen Text mit dem Märchen „Rotkäppchen" der Brüder Grimm.

Im Haus der Großmutter

Nachdem Rotkäppchen den Rat des Wolfes befolgt und einen Blumenstrauß gepflückt hatte, kam sie endlich zum Haus der Großmutter. Da bot sich ihr ein seltsames Bild, denn die Tür des Häuschens stand offen. Die Großmutter lag im Bett und hatte die Haube tief ins Gesicht gesetzt und sah so wunderlich aus.

„Ei, Großmutter, was hast du für große Ohren!"

„Dass ich dich besser hören kann."

„Ei, Großmutter, was hast du für große Augen!"

„Dass ich dich besser sehen kann."

„Ei, Großmutter, was hast du für große Hände!"

„Dass ich dich besser packen kann."

„Aber, Großmutter, was hast du für ein entsetzlich großes Maul!"

„Dass ich dich besser fressen kann."

Kaum hatte der Wolf das gesagt, so tat er einen Satz aus dem Bett und verschlang das arme Rotkäppchen. Als er sein Gelüsten gestillt hatte, legte er sich wieder ins Bett, schlief ein und fing an, überlaut zu schnarchen.

✤ Lest den Text in verteilten Rollen. Versucht dabei, die Stimmung dieses Gesprächs wiederzugeben. Nehmt eure Versuche auf Kassette auf. Wenn ihr passende Geräusche hinzufügt, kann ein Mini-Hörspiel entstehen.

Rotkäppchen – in der Lesekiste

Daniel und Luise möchten zu ihrem Lieblingsmärchen eine Lesekiste zusammenstellen. Sie lesen es noch einmal.

1. Dann suchen sie sich einen Schuhkarton. Diesen bemalen und bekleben sie von außen und innen so, dass er gut zum Märchen passt.

2. Auf ein Blatt schreiben sie:

3. Anschließend lesen sie das Märchen noch einmal ganz genau und notieren auf einer Liste Dinge, die im ganzen Märchen wichtig sind (rotes Käppchen, Körbchen, …)

4. Zu Hause suchen sie dann passende Gegenstände und finden diese meistens ganz schnell unter ihren Spielsachen.

5. Zu jedem Gegenstand in ihrer Kiste beschriften sie dann anschließend ein Aufstell-Kärtchen mit einem erklärenden Satz.

Mithilfe dieser Gegenstände in der Märchen-Lesekiste stellen Luise und Daniel dann ihr Märchen vor und erzählen es nach.

♣ Zu welchem Märchen möchtest du gern mit Partnern eine Lesekiste gestalten? Eure Lesekisten könnt ihr im Schulhaus oder in einer Bücherei zeigen. Man kann sie zu Märchen und Geschichten, aber auch zu Kinderbüchern zusammenstellen.

Märchen-Adressen

Erwin Grosche

Im Winter

Du liebe Zeit!
Es schneit, es schneit!
Die Flocken fliegen
und bleiben liegen.
Ach bitte sehr:
noch mehr, noch mehr!

Volksgut

Die drei Spatzen

In einem leeren Haselstrauch
Da sitzen drei Spatzen, Bauch an Bauch.

Der Erich rechts und links der Franz
Und mittendrin der freche Hans.

Sie haben die Augen zu, ganz zu,
Und obendrüber, da schneit es, hu!

Sie rücken zusammen dicht an dicht.
So warm wie der Hans hats niemand nicht.

Sie hörn alle drei ihrer Herzlein Gepoch.
Und wenn sie nicht weg sind, so sitzen sie noch.

Christian Morgenstern

Beobachtung

Zarte, feine klitzekleine Spuren
findest du im Schnee?
Zarte, feine klitzekleine Spuren –
die sind nicht vom Reh!

Diese krickel krackel Grüße
schrieb ein andrer Gast hierher:
Zickel zackel … füße – schau:
Dort sind schon keine mehr.

Denn nur eben fast im Schweben
hüpfte, pickte er im Lauf –
und mit einem Sprunge, Schwunge
flog er zu den Wolken auf.

Max Kruse

✤ Kennst du diese Spuren?
   Es sind Vogelfüße.

Tiere im Winter

1 Rehen und Hasen wächst
ein dichtes Winterfell.
Das schützt sie vor der Kälte.

2 Der Feldhamster verbringt
den ganzen Winter in seinem Bau
unter der Erde.
Im Frühjahr wacht er auf
und frisst sich an den Körnern satt,
die er im Herbst in seine
Speisekammer geschleppt hat.

3 Der Igel sucht im Herbst
unter Laubhaufen Schutz.
Dort hält er drei bis vier Monate lang
Winterschlaf, ohne aufzuwachen.

4 Viele Vogelarten, wie Schwalben,
Stare und Störche, fliegen im Herbst
in wärmere Länder. Für sie gibt es
bei uns im Winter keine Nahrung.

5 Das Eichhörnchen baut sich
im Baum ein Nest. Darin schläft es
oft eine ganze Woche lang.
Wenn im Winter die Sonne scheint,
wacht es auf und holt Futter
aus einem Versteck.

✤ Ordne die Textstellen
den passenden Bildern zu.

B

D

A

C

E

Die Geschichte vom beschenkten Nikolaus

Einmal kam der heilige Nikolaus
am 6. Dezember zum kleinen Klaus.
Er fragte ihn:
„Bist du im letzten Jahr auch brav gewesen?"
Klaus antwortete: „Ja, fast immer."
Der Nikolaus fragte: „Kannst du mir auch
ein schönes Gedicht aufsagen?" –
„Ja", sagte Klaus.

„Lieber, guter Nikolaus,
du bist jetzt bei mir zu Haus,
bitte leer' die Taschen aus,
dann lass ich dich wieder raus."

Der Nikolaus sagte:
„Das hast du schön gemacht."
Er schenkte Klaus Äpfel, Nüsse,
Mandarinen und Plätzchen.
„Danke", sagte Klaus.
„Auf Wiedersehen", sagte der Nikolaus.
Er drehte sich um und wollte gehen.
„Halt", rief Klaus.
Der Nikolaus schaute sich erstaunt um:
„Was ist?", fragte er.
Da sagte Klaus: „Und was ist mit dir?
Warst du im letzten Jahr auch brav?" –
„So ziemlich", antwortete der Nikolaus.
Da fragte Klaus: „Kannst du mir auch
ein schönes Gedicht aufsagen?"
„Ja", sagte der Nikolaus.

„Liebes, gutes, braves Kind,
draußen geht ein kalter Wind,
koch mir einen Tee geschwind,
dass ich gut nach Hause find."

„Wird gemacht", sagte Klaus.
Er kochte dem Nikolaus einen heißen Tee.
Der Nikolaus schlürfte ihn und aß dazu Plätzchen.
Da wurde ihm schön warm.
Als er fertig war,
stand er auf und ging zur Türe.
„Danke für den Tee", sagte er freundlich.
„Bitte, gerne geschehen", sagte Klaus.
„Und komm auch nächstes Jahr vorbei,
dann beschenken wir uns wieder." –
„Natürlich, kleiner Nikolaus",
sagte der große Nikolaus und
ging hinaus in die kalte Nacht.

Alfons Schweiggert

Knackt die Schale, springt der Kern,
Weihnachtsnüsse ess ich gern.
Komm bald wieder in dies Haus,
guter, alter Nikolaus!

Peter Ruh

✤ Versucht die Nikolausgeschichte zu spielen.
Vielleicht findet ihr auch noch mehr
Nikolaussprüche oder reimt selbst.

Eine ganz besondere Weihnachtskarte

Du brauchst:
- roten Karton oder rotes Tonpapier
- etwas Goldpapier, Watte oder Glitter
- etwas Geschenkband
- ein kleines Stück Stoff
- eine kleine Mischung Weihnachtsgewürz (Zimt, Nelken, Koriander, Ingwer, …)

So geht es:

In den Stiefel kannst du
- einen Weihnachtsgruß
- ein Weihnachtsgedicht oder
- einen Geschenkgutschein

eintragen.

- Verziere den Stiefel oben mit einem Streifen Goldpapier oder Watte.
- Lege in das kleine Stück Stoff die Weihnachtsgewürze.
- Binde es zu einem Säckchen zusammen.
- Hänge es an deinen Stiefel.

Jetzt hast du ein schönes Weihnachtsgeschenk für einen besonders lieben Menschen.

Advent, Advent

Advent, Advent,
ein Lichtlein brennt.
Erst eins, dann zwei,
dann drei, dann vier,
dann steht das Christkind vor der Tür.

Advent, Advent,
ein Lämmlein rennt.
Erst eins, dann zwei,
dann drei, dann vier,
dann läuft die ganze Herde,
dann wackelt diese Erde.

Der Schäfer und der Schäferhund,
die stehen da mit offnem Mund.
Der Schäfer staunt,
der Hund, der bellt
zur Weihnacht
unterm Sternenzelt.

Fredrik Vahle

Die Weihnachtsgeschichte

Vor ungefähr 2000 Jahren herrschte
der römische Kaiser Augustus.
Da er wissen wollte, wie viele Menschen
in seinem großen Reich lebten, befahl er allen,
sich in ihrer Geburtsstadt zählen zu lassen.
So machte sich auch Josef,
ein Zimmermann aus Nazareth,
mit seiner Frau Maria auf den Weg.
Sie mussten bis nach Bethlehem.
Maria war schwanger und ihr Kind
sollte bald geboren werden.
Die Reise dauerte viele Tage
und war besonders für Maria beschwerlich.
Als sie endlich Bethlehem erreichten,
war in keiner Herberge ein Platz für sie frei.
Schließlich wies man sie in einen Stall.
Hier waren sie geschützt vor dem Wind
und der Kälte der Nacht. Gerade in dieser Nacht,
in diesem Stall, bekam Maria ihr Kind.
Maria und Josef freuten sich
und nannten den kleinen Jungen Jesus.
Maria wickelte ihn in Windeln
und legte ihn in eine Krippe.

✤ 1. Kläre dir unbekannte Wörter.

2. Übe dann diesen für Kinder erzählten Bibeltext so gut,
dass du ihn am Weihnachtsabend deinen Eltern vorlesen
kannst. Du kannst den Text auch auf Kassette aufnehmen.

Weihnachten in Bethlehem

„Muh", brummt der Ochse
    in Bethlehems Stall.

„Ih ah!", haucht der Esel
    ganz ohne Krawall.

„Ich freu mich", flüstert Josef,
    der gute Mann.

„Ich auch", sagt Maria,
    so leise sie kann.

Da beginnt das Kind
in der Krippe zu schrein:
    „Wer sich freut, dass ich lebe,
    darf lauter sein!"

KNISTER

Neujahrspunsch für Kinder

Dazu braucht ihr:

1 Esslöffel oder
2 Beutel roten Früchtetee
1 Liter Wasser
2 Apfelsinen
1 Zitrone
2 Esslöffel flüssigen Honig
5 Gewürznelken
1 Messerspitze Zimtpulver
1 Päckchen echten Vanillezucker
1 Becher Schlagsahne

Gebt den Tee und die Gewürze in einen Topf
und kocht alles einmal auf.
Zehn Minuten ziehen lassen!

Inzwischen presst ihr Apfelsinen und die Zitrone aus
und mischt den Saft unter den Tee.

Durch ein großes Sieb gießt ihr alles in eine Kanne.

Nun noch mit Honig und Vanillezucker süßen.

Zuletzt wird der Punsch in große Tassen gefüllt
und mit einer Sahnehaube verziert.

Prosit Neujahr!

Christa Zeuch

✤ Es kann natürlich auch eine tolle Silvesterbowle für Kinder geben.
Schreibt mögliche Rezepte auf.

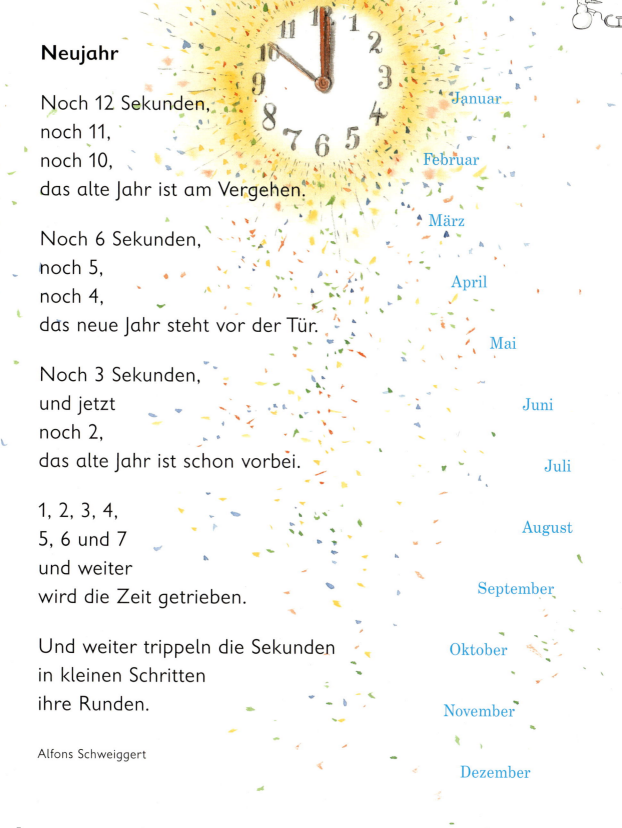

Neujahr

Noch 12 Sekunden,
noch 11,
noch 10,
das alte Jahr ist am Vergehen.

Noch 6 Sekunden,
noch 5,
noch 4,
das neue Jahr steht vor der Tür.

Noch 3 Sekunden,
und jetzt
noch 2,
das alte Jahr ist schon vorbei.

1, 2, 3, 4,
5, 6 und 7
und weiter
wird die Zeit getrieben.

Und weiter trippeln die Sekunden
in kleinen Schritten
ihre Runden.

Alfons Schweiggert

Januar
Februar
März
April
Mai
Juni
Juli
August
September
Oktober
November
Dezember

✤ Stoppt die Sekunden, die ihr braucht, um das Gedicht vorzutragen.
Überlegt dann, wie ihr das Ticken der Uhr darstellen könnt.

Der Schneemann auf der Straße

Der Schneemann auf der Straße
trägt einen weißen Rock,
hat eine rote Nase
und einen dicken Stock.

Er rührt sich nicht vom Flecke,
auch wenn es stürmt und schneit.
Stumm steht er an der Ecke
zur kalten Winterszeit.

Doch tropft es von den Dächern
im ersten Sonnenschein,
da fängt er an zu laufen,
und niemand holt ihn ein.

Robert Reinick

✤ Das Gedicht lernt sich leicht, da es kurze Verse und Reime hat.
Suche die Zeilen heraus, die sich reimen. Lies sie vor.

Ich und du

Wir

Du
hast mich
und ich
hab dich

Ich und du
wir beide!

Anne Steinwart

Ich bin ich

Ich bin ich – mich gibt es einmal bloß.
Keiner gleicht dem andern: Hans ist groß,
Peter mittel und Ilona klein.
Menschen können dick und dünner sein.

Sam ist braun, und Wang sieht
gelblich aus –
Veras Haar ist glatt und Juttas kraus.
Wenn wir auch so sehr verschieden sind:
Menschen sind wir alle, jedes Kind!

Michael Kumpe

Was mir gefällt

Mit Vater Kuchen backen,
mit Mutter Rätsel knacken,
auf dem Karussell fahren,
ein Geheimnis bewahren,
Muscheln und Steine zählen,
die Farben wählen,
beim Spiel verweilen,
Kummer und Freude teilen,
Unsinn treiben
und Geschichten schreiben.

Max Bolliger

Ähnlichkeiten

Mama sagt, die Locken hab ich von ihr
und dass ich schnell lernen kann, auch.

Papa sagt, die blauen Augen, die hab ich
von ihm und dass ich gut turnen kann, auch.

Oma sagt, die Nase hab ich von ihr
und dass ich schön singen kann, auch.

Und Opa sagt, von ihm
hab ich meinen Verstand.

Aber wenn ich mal
ein bisschen schwindle,
sagt Papa zu Mama:
„Das hat er von dir."

Wenn ich zu viel esse
und mir schlecht wird,
sagt Mama zu Papa:
„Das hat er von dir."

Und wenn mich mal die Wut packt
und ich frech und ungezogen bin,
dann zanken sich Mama, Papa,
Oma und Opa, weil sie nicht wissen,
von wem ich das nun habe.

Ich bin froh, dass ich auch was
von mir selber hab!

Margret Rettich

✤ Erzähle, wie es bei dir ist. Vergleiche mit dem Text.

Ich kann was Tolles

„Ich kann vor Wut
meine Fellhaare sträuben
und vor Freude
mit dem Schwanz wackeln",
sagte der Hund
zum Pinguin.
„Und was kannst du?"

„Oh... Hm... Ha!
Ich kann bei Eiseskälte
ohne Mütze, Mantel und Schal
in Schnee und Eis herumspielen,
ohne zu frieren", sagte
der Pinguin zum Eichhörnchen.
„Und was kannst du?"

„Ich kann von einem Baum
zum nächsten springen und
so viele Nüsse in meine Backen
stopfen, dass der Vorrat
für viele Tage reicht",
sagte das Eichhörnchen
zur Schnecke.
„Und was kannst du?"

„Oh... Hm... Ha!
Ich kann..."

nach Leo Löwe

✤ Setzt euch in den Erzählkreis.
  Erzählt einander.

Der Rollstuhl

Michaela kann nicht gehen, sie sitzt in einem Rollstuhl und wird geschoben. Sie hasst den Rollstuhl und weigert sich deshalb, allein mit dem Rollstuhl zu fahren. Bevor sie in die Schule kommen soll, schicken sie ihre Eltern in eine Ferienfreizeit für behinderte Kinder. Hier soll sie das Rollstuhlfahren lernen.

Einmal machte die ganze Gruppe einen Ausflug. Da schütteten sich plötzlich schwarze Wolken aus, sodass die Straße unter Wasser stand. Alle versuchten schnell wegzukommen. Einer von den kleinsten Jungen rutschte wie auf einer Eisbahn mit seinem Rollstuhl an den Straßenrand und kippte die niedrige Böschung hinunter. Alle Betreuer eilten ihm sofort zu Hilfe.
So stand Michaela plötzlich alleine da. Sie sah das Wasser, sah, wie die anderen mit ihren Rollstühlen flitzten, und wurde von Angst gepackt. Ich kann mich nicht retten! schrie es in ihrem Kopf. Und ihre Hände griffen wie von selbst nach den metallenen Reifen vor den Rädern. Aber die standen wie fest gewachsen. Die Bremsen! dachte Michaela. Ich muss die Bremsen lösen! Rechter Hebel, linker Hebel. Da fuhr der Rollstuhl. Michaela drehte die Reifen, so schnell sie konnte, rollte weiter und weiter, hinter den anderen her. Ganz allein, mit der Kraft ihrer Arme. Eine der Betreuerinnen holte sie ein und fasste die Griffe des Rollstuhls. Ich kann! schrie Michaela in den Platzregen hinein. Ich kann alleine! Und fuhr ihr davon. Alle kamen pitschnass im Heim an. Das war ein Abenteuer! Besonders für dich! sagte die Betreuerin zu Michaela. Jetzt kannst du endlich laufen – auf Rädern. Das musst du deinen Eltern zeigen. Wenn du willst, können sie dich Sonntag besuchen. Michaela drehte ihren Rollstuhl um die eigene Achse – und fuhr los, als wollte sie nie mehr still stehen. Die letzten drei Wochen im Heim waren wunderbar. Und danach kam sie in die Schule.

Margaret Klare

✦ Überlege. Tausche dich mit deiner Partnerin/deinem Partner aus.
  • Welche Überschrift passt noch zu diesem Textausschnitt?
  • Warum hasst Manuela den Rollstuhl zuerst?

Wann Freunde wichtig sind

Freunde sind wichtig
zum Sandburgenbauen,
Freunde sind wichtig,
wenn andre dich hauen,
Freunde sind wichtig
zum Schneckenhaussuchen,
Freunde sind wichtig
zum Essen von Kuchen.

Vormittags, abends,
im Freien, im Zimmer ...
Wann Freunde wichtig sind?
Eigentlich immer!

Georg Bydlinski

Freunde sind wichtig zum Spielen.

Freunde sind wichtig, wenn man Trost braucht.

Freunde ...

Irenes Geburtstag

Irene hat Geburtstag.
Irene wohnt seit einem Monat in Astrids Straße.
An einem Ende der Straße wohnt Astrid,
am anderen Ende wohnt Irene, und die Straße ist nicht lang.
Irene hat Astrid zur Geburtstagsfeier nicht eingeladen.
Astrid ist sehr traurig. Vielleicht lädt sie mich
zum nächsten Geburtstag ein, denkt Astrid.
Rita ist eingeladen. Rita weiß aber nicht,
wo Irene wohnt, und darum kommt sie zu Astrid.
Astrid begleitet Rita und zeigt ihr, wo Irene wohnt.
Als Rita im Tor verschwunden ist, geht Astrid nach Hause.
Irenes Mutter kommt auf die Straße und ruft Astrid.
Astrid tut so, als ob sie nichts hört, und beginnt zu laufen.
Dicke Tränen kollern über ihre Backen. Astrid wischt
die Tränen rasch weg, denn sie will ja gar nicht weinen.
„Ich mach mir überhaupt nichts draus, dass Irene mich nicht
eingeladen hat. Warum sie aber Rita eingeladen hat,
versteh ich nicht", sagt Astrid zu ihrer Mutter.

Karin Gündisch

Der Prinz sucht einen Freund

Es war einmal ein kleiner Prinz,
der war viel zu viel allein.
Wen er bislang getroffen hatte,
der war immer nur neugierig darauf gewesen,
eines Königs Sohn kennen zu lernen,
nichts weiter.

Da sagte seine Mutter eines Tages:
„Wenn wieder einer kommt und du magst ihn
und er übernachtet bei dir,
werde ich euch zum Frühstück drei Eier bringen.
Dann werden wir sehen,
wer wirklich dein Freund ist."

Das war nun seltsam, denn noch nie hat man wohl gehört,
dass sich Freunde mit Eiern finden lassen. Aber hören wir weiter.

Bald darauf blieb der Sohn des Richters über Nacht.
Als sich die beiden morgens an den Tisch setzten,
kam die Königin und brachte ein Körbchen mit drei Eiern.
Der Sohn des Richters plauderte freundlich mit dem Prinzen
und aß dabei eins nach dem anderen auf.
„Den also", sagte die Mutter später,
„nimm dir nicht zum Freund.
Er denkt nur an sich."

Einige Zeit darauf saß der Sohn
eines wohlhabenden Kaufherrn bei Tisch.
Der tippte jedes Ei nur an, aß keines
und meinte beiläufig, bei ihm zu Hause gäbe es größere.
„Den also", sagte die Mutter später,
„nimm dir auch nicht, denn er ist verwöhnt."

Dann lernte der kleine Prinz den Sohn des Holzfällers kennen
und spielte Tag um Tag im Wald mit ihm.
Der Mutter war's nicht lieb, denn einmal kam
der Prinz mit zerrissenen Hosen ins Schloss zurück,
ein andermal mit einem Dorn im Zeh
und immer äußerst schmutzig.

Aber weil er ihn so lieb hatte,
durfte schließlich auch der Holzfällersohn
über Nacht im Schlosse bleiben.

Wieder brachte die Mutter drei Eier zum Frühstück,
und ohne lang zu fragen oder sich zu zieren, griff er eins,
tat ein andres in den Eierbecher des Prinzen,
und das dritte schnitt er mittendurch:
„Du ein halbes, ich ein halbes!"
Das gab ein rechtes Geschmier.
„Du solltest ihn dir zum Freund nehmen",
sagte die Mutter und seufzte ein wenig.
„Sauber und manierlich essen lernt sich am Ende leichter
als gerechtes Teilen."
Es freute den kleinen Prinzen, dass seine Mutter so sprach.

Denn vielleicht braucht es manchmal Eier,
um herauszufinden, wer kein Freund ist.
Wer aber ein wahrer Freund ist,
das merkt man meist auch so.

Kurt Seehafer
nach einem arabischen Volksmärchen

✤ Erzähle mit eigenen Worten nach,
wie der kleine Prinz seinen Freund findet.
Die Bilder helfen dir dabei.

Vom Streiten und Dröhnen
und vom schönen Sichversöhnen

 Ich kann sieben Meter weit spucken! Und du?

Ich siebzehn.

 Mmm! Außerdem kann ich
neunzehn Erdbeerknödel essen.

Und ich dreißig.

 Kannst du nicht!

Kann ich doch!

 Angeber!

Selber Angeber!

 Blödmann!

Schießbudenfigur!

 Schreckschraube!

Spatzenhirn!

 Du bist sowas von gemein!
Das gibt es überhaupt nicht!

Und du bist noch viel gemeiner!
Das gibts noch viel weniger!

 Kampfhenne!

Hornochs!

Rippenbiest!

        Speckschwarte!

 Mit dir rede ich nie wieder!
Nie wieder in meinem ganzen Leben.

        Und ich will dich nie mehr sehen.
        Bis in alle Ewigkeit nicht!

    ...

 Und nach der Ewigkeit,
sind wir dann wieder gut?

        Vielleicht.

 Und wenn ich dir
ein Stück Wassermelone schenke?

        Ja, dann ... dann bestimmt ...

 Dann können wir um die Wette spucken.

        Aber wir spucken gleich weit, abgemacht?

 Abgemacht!
Obwohl ich weiter spucken kann als du ...

        Das glaubst aber auch nur du!

Gerda Anger-Schmidt

✤ Lest so in verteilten Rollen, dass man sich den Streit
gut vorstellen kann. Überlegt euch selbst
einen anderen Streit und die Versöhnung dazu.

Wutsprüche

Krokodil und **Krokodil**,
erstens brüll ich, wann ich will!

Krokodil und **Krokodiller**
zweitens brülle ich immer schriller!

Krokodiller Riesenzahn
drittens fange ich erst an!

Riesenzahn und **Krokodil**
nachher bin ich wieder still!

Gerald Jatzek

✤ Sprich so, dass man sich deine Wut gut vorstellen kann.

Im Frühling

Frühling ist dann,
wenn dein Fuß
auf drei Gänseblümchen
gleichzeitig treten kann.

Frühling

Eines Morgens
ist der Frühling da.
Die Mutter sagt,
sie riecht ihn in der Luft.

Pit sieht den Frühling.
An den Sträuchern im Garten
sind hellgrüne Tupfen.

Anja hört den Frühling.
Neben ihr, auf dem Dach,
singen die Vögel.

Unten vor dem Haus
steigt Vater in sein Auto.
Er fühlt den Frühling.
Die Sonne scheint warm
auf sein Gesicht.

Aber schmecken
kann man den Frühling
noch nicht.
Bis die Erdbeeren reif sind,
dauert es noch lange.

Christine Nöstlinger

Matthias und der Blinde

Im Altenheim wohnt ein blinder Mann.
Er findet den Weg aus seinem Zimmer im Erdgeschoss
über den Flur in den Garten von selbst
und kann dann ein wenig spazieren gehen.
Matthias sieht ihn und springt auf ihn zu.
Er gibt ihm ein Veilchen.
Die Hände des Blinden zittern,
als er die Blume in der Hand hält.
Er sieht sie nicht, aber er fühlt
mit den Fingern die feinen Blättchen.
Und seine Nase schnuppert den Veilchenduft.
Der Blinde sagt leise: „Danke schön!"
„Ich gehe auch ein bisschen mit dir",
ruft da Matthias und fasst den Mann an der Hand,
„da kann ich dir erzählen, was es alles
zu sehen gibt im Garten.
Dann siehst du es doch auch, oder?"
„Ja", sagt der Blinde, und so gehen die beiden miteinander
auf den schmalen Wegen des Gartens hin und her.

Heinz Vonhoff

✣ Überlege, welche Überschrift noch zu diesem Text passt.

Die Tulpe

Dunkel
War alles und Nacht.
In der Erde tief
Die Zwiebel schlief,
Die braune.

Was ist das für ein Gemunkel,
Was ist das für ein Geraune,
Dachte die Zwiebel,
Plötzlich erwacht.
Was singen die Vögel da droben
Und jauchzen und toben?

Von Neugier gepackt,
Hat die Zwiebel einen langen Hals gemacht
Und um sich geblickt
Mit einem hübschen Tulpengesicht.

Da hat ihr der Frühling entgegengelacht.

Josef Guggenmos

Meine Tulpe
Du brauchst:
- eine braune Kaffeefiltertüte
- rotes und grünes Seidenpapier
- ein Holzstäbchen
- Klebstoff, eine Wattekugel

✜ Spielt das Gedicht mit der Tulpe nach.
Überlegt auch, wie ihr die einzelnen Strophen
mit eurem Körper darstellen könnt.

Frühlingsboten

Blümchen am Wege,
Blümchen am Stege,
Blümchen blüh,
Frühling ist hie!

Volksgut

Und aus der Erde schauet nur
alleine noch Schneeglöckchen,
so kalt, so kalt ist noch die Flur,
es friert im weißen Röckchen.

Theodor Storm

Der Frühling kommt oft unverhofft
in unsern kleinen Garten.
Hat gar nicht an das Tor geklopft,
weiß, dass wir auf ihn warten.

Janosch

Die Glockenblume
mit ihrem Gebimmel
so schmetterlingsleise –
ist blau wie der Himmel.

Heinz Kahlau

Veilchen stellt ein braves Kind
in ein Glas, wenn es sie find't.
Findet sie jedoch die Kuh,
frißt sie sie und schmatzt dazu.

Bertolt Brecht*

✤ Lies deinen Lieblingsreim einem Freund oder einer Freundin vor.
Du kannst ihn auswendig lernen oder aufschreiben und dazu
zeichnen. Vielleicht fällt dir auch eine Melodie ein.

* Dieser Text verwendet die bis 1998 gültige, heute überholte Rechtschreibung und Zeichensetzung.

Lesefrühling

Schnitt
Schnittlauch
Schnittlauchschnitte

Löwen
Löwenzahn
Löwenzahnsalat

Frühling
Frühlingsquark
Frühlingsquarkrezept

Radieschen
...
...

Pass auf.

Mama freut sich riesig über das Frühjahr.
Mama freut sich riesig über das Frühstück.
Mama freut sich richtig über das Frühjahrsfrühstück.

Onkel Otto sitzt mit Oma am Tisch und isst Frühlingsquark.
Enkel Otto sitzt mit Opa am Tisch und isst Früchtequark.
Dackel Toto sitzt mit Oma am Tisch und frisst Frühlingsrolle.

✚ Überlegt euch selbst solche Wörter und Sätze.

Frühlingsquark

Du brauchst:
- 500g Speisequark
- etwas Milch
- eine Prise Salz
- ein Bund Schnittlauch
- ein Bund Radieschen
- eine kleine Zwiebel

So geht es:
- Quark mit Milch glatt rühren
- mit Salz abschmecken
- Schnittlauch in Röllchen schneiden
- Radieschen und Zwiebeln klein schneiden
- alles mischen

Tipp: Besonders gut schmeckt der Quark zu Pellkartoffeln und auf Vollkornbrot.

✤ Sammelt andere Frühlingsrezepte und gestaltet gemeinsam ein Frühlingsrezeptbuch eurer Klasse.
Mutti oder Vati, Oma und Opa helfen euch bestimmt dabei.

Ostermorgen

Der Garten dick verschneit. „Ah!" – „Oh!" –
Die ganze Familie staunt.
„Eierverstecken fällt in diesem Jahr aus",
erkläre ich.
Widerspruch: „Versteckt wird!"
„Na gut, aber im Hause."
„Nein, im Garten."

Ich ziehe los, Spankorb am Arm.
Hier ein Grasbüschel,
da eine Astgabel.
Ich wende alle List an,
um die bunte Eierfuhre
in ein Versteck zu bringen.

Aufbruch in die Winterstille des Ostermorgens:
Frau, Tochter, Sohn. Hallodria. Geschrei.
Nach kurzer Zeit sind
alle Geschenke wieder im Korbe.
„Das ging aber rasch", sage ich.
„Keine Kunst – deine Spuren im Schnee …"

Werner Lindemann

✢ Erzähle vom Ostermorgen bei dir.
Du kannst auch einen Text dazu schreiben.

Auf ein Osterei zu schreiben

Dies Haus hat keine Ecken.
Ist was Gutes drin,
lass es dir schmecken.
Steigt heraus
ein Kikeriki,
hast du Musik
um vier
in der Früh

Josef Guggenmos

Hase aus Korken

Man braucht:
Korken, einen dicken Filzstift, Klebstoff, Schere, braunes Tonpapier, Watte oder Weidenkätzchen

So geht es:
Zunächst malt man das Gesicht des Hasen auf den Korken. Dann werden die Ohren aus Tonpapier geschnitten oder gerissen und anschließend hinten angeklebt. Ein Weidenkätzchen oder ein kleiner Wattebausch kann der Schwanz sein.

nach Sabine Brügel-Fritzen

Ich gebe dir ein Osterei als kleines Angedenken. Und wenn du es nicht haben willst, so kannst du es verschenken.

Volksgut

Störche

Es ist April.
Die Störche sind aus Afrika zu uns zurückgekehrt.
Mit ihrem weißen Gefieder und den schwarzen Flügeln
sind sie schon von weitem zu sehen.

Storch und Störchin bauen auf hohen Dächern
und Schornsteinen gemeinsam ihr Nest.
In ihrem langen, roten Schnabel schleppen sie
Zweige heran und flechten geschickt
ein großes Nest. Die flache Mulde
polstern sie mit trockenem Gras,
Federn und Papierfetzen aus.

Mitte April legt die Störchin 3 bis 5 Eier in das Nest.
Die Storcheneltern wechseln sich beim Brüten ab.
Nach etwa 30 Tagen schlüpfen die Jungen.
Sie werden von Storch und Störchin gemeinsam gefüttert.

Auf feuchten Wiesen und Äckern stelzen sie
mit ihren langen, roten Beinen umher.
Sie suchen für sich und ihre Jungen
Frösche, Mäuse, Maulwürfe und Schlangen.
Auch Würmer und Insekten fressen sie.

Störche sind Zugvögel. Im August
fliegen sie in großen Gruppen
in ihr Winterquartier.

✣ Ordne folgende Überschriften den entsprechenden Abschnitten zu:
  • Wovon sich die Störche ernähren
  • Wie die Störche ihr Nest bauen
  • Wie die Störche ihre Jungen aufziehen

So ein verrückter Tag

ein Sturmtag

ein Hageltag

ein Sonnentag

ein Schneetag

ein Windtag

ein Wolkentag

ein Sonnentag

ein Regentag

ein Regenbogentag

im April

Erich Jooß

✢ Wähle dir einen Tag aus.
Gestalte das Wort dazu.

Ich hab dich so lieb ...

Ich hab dich so lieb!
Ich würde dir ohne Bedenken
Eine Kachel aus meinem Ofen
Schenken.

Joachim Ringelnatz

Ich geb dir meine schönste Hand und einen dicken Kuss dazu. Ich mag dich wie ein Elefant so groß und immerzu.

Michael Ende

Ich schreib auf diese Seite
nur diesen einen Satz:
Ich mag dich wirklich – heute!
Für morgen ist auf einer anderen Seite Platz.

Peter Härtling

Ich liebe dich so fest,
wie der Baum seine Äst,
wie der Himmel seine Stern,
so hab ich dich gern.

Volksgut

I love pink
I love blue
But best of all,
I love you.

✤ Schreibe deinen Lieblingsspruch in ein Herz, eine Sonne oder Blume.
Schenk ihn Mutti, Vati oder jemandem, dem du eine Freude bereiten möchtest.

Mit Tieren leben

Auf der Erde neben mir
sitzt das große schwarze Tier.
Manchmal leckt es meine Wange,
denn wir kennen uns schon lange.

Frantz Wittkamp

Matthias

„Du musst mir helfen", sagte Matthias.
„Wobei?", fragte der Vater.
Er schaute vom Aquarium auf.
„Es ist wichtig", sagte Matthias.
„Da ist ein Hund, in der Völkerstraße,
ein junger Hund. Der ist dauernd an der Kette."
„Hm", sagte der Vater.
„Er leidet", sagte Matthias. „Hunde sind Lauftiere.
Wir müssen was unternehmen", sagte er.
„Was wollen wir unternehmen?", fragte der Vater.
„Wir könnten ihn klauen", sagte Matthias.
„Es ist doch klar, dass das verboten ist", sagte der Vater.
Er krümelte irgendetwas ins Aquarium hinein.
„Warum ist es nicht verboten,
dass ein Hund so unglücklich ist?", fragte Matthias.
„Hast schon Recht, aber da kann man nichts machen."

Zuerst glaubte Matthias nicht,
dass das alles war, was sein Vater sagte und tat.
Sein Vater war gegen jede Ungerechtigkeit.
Er konnte es nicht glauben. Aber sein Vater
strich ihm übers Haar und ließ ihn stehen.
Matthias schluckte. Dann zog er seine Jacke an
und ging in die Völkerstraße.

Der Hund kannte ihn schon und schrie wieder
in diesem jämmerlichen, hellen Tonfall.
Er war jung. Er wollte laufen und spielen.
„Schade", sagte Matthias.

Plötzlich stand ein Mann da.
„Willst du was?", fragte er.
„Ich spreche nur mit dem Hund", sagte Matthias.
Der Mann sah ihn an, begriff wohl nicht.
„Ist es Ihr Hund?", fragte Matthias.
„Ja", sagte der Mann.
„Er ist immer an der Kette", sagte Matthias.
„Und?", sagte der Mann. Matthias fühlte,
wie sein Herz gegen die Rippen klopfte.
„Ein Hund braucht Bewegung", sagte er.
„Ich hab andere Sorgen", sagte der Mann.
„Ich würde mit ihm spazieren gehen",
sagte Matthias. „Jeden Tag."
„Er wird abhauen", sagte der Mann.
„Nein", sagte Matthias.

Ein wenig später hielt er die Leine in der Hand.
Der Hund sprang an ihm hoch.
Er lacht, dachte Matthias.
Und er dachte noch etwas.
Da konnte man doch etwas machen, dachte er.

Gina Ruck-Pauquèt

> **Junger Hund in Not**
> Ein kleiner Hund sorgte gestern Morgen am Hauptbahnhof
> für Aufregung. Er war eingeschlossen im Schließfach Nr. 13.
> Gegen 9 Uhr wurde die Inhaberin des Zeitungsladens
> auf das jaulende Tier aufmerksam. Der arme Hund wurde
> mit dem Generalschlüssel aus seinem Gefängnis befreit.
> Das Tier steckte in einer Sporttasche. Der Rabenvater
> (oder die Rabenmutter) hatte ein paar Hundekuchen beigefügt.

Tierkinder unterwegs

Tierkinder sind ganz nah bei der Mutter am sichersten.
Viele junge Tiere werden von der Mutter getragen,
sie werden dabei gewärmt und geschützt.
Die Jungen, die noch nicht laufen, klettern oder fliegen,
nicht lange schwimmen und nicht schnell fliehen können,
brauchen sich nur fest zu halten.

Die Jungen vom Haubentaucher verstecken sich.

Die Fledermaus nimmt ihr Junges mit auf den Flug.

Junge Ratten halten sich am Bauch der Mutter fest.

Krokodilmütter nehmen ihre Jungen vorsichtig ins Maul.

Das Faultier hängt am Ast, und sein Junges ruht auf seinem Bauch.

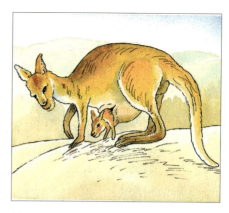

Kängurujunge bleiben lange Zeit im Beutel der Mutter.

Koalas werden auf dem Rücken der Mutter getragen.

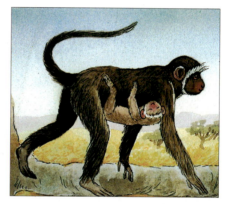

Junge Affen klammern sich ins Fell der Affenmutter.

Der Iltis schleppt sein Junges mit einem sanften Biss im Nackenfell.

Spitzmauskinder bilden hinter der Mutter eine Karawane.

Uta Schmitt

Sofie hat einen Vogel

Sofie streckt den Finger und sagt:
„Frau Heinrich, ich habe einen Vogel!"
Die ganze Klasse lacht.
„Wirklich?", fragt Frau Heinrich.
„Wirklich!", ruft Sofie zurück.

Die Klasse lacht noch lauter.
Sofie denkt wütend: Ich muss das anders sagen.
Und sie sagt: „Mein Vater hat mir
einen Vogel geschenkt."
Jetzt lachen nur noch ein paar.
Das sind die, die über jeden Quatsch lachen.

„Was ist denn das für einer?",
fragt Frau Heinrich.

„Ein Muskatfink. Er ist klein,
hat lauter Punkte auf der Brust
und wohnt sonst in Australien."

„Prima", sagt Frau Heinrich.

„Aber du siehst, es ist gar nicht so einfach
über Vögel zu reden.
Vor allem, wenn man einen hat."

Endlich kann Sofie mitlachen.
Nun wissen sie alle, dass sie einen Vogel hat.

Aber einen richtigen!!

Peter Härtling

Wo fand der Spatz sein Mittagessen?

„Na, Spatz, wo hast du heut gegessen?" –
„Hab mich im Tierpark satt gefressen.

Zuerst hab ich mich mal gestärkt
beim Löwen. Er hat nichts ...

Dann hüpfte ich zur Füchsin rein.
Da lag noch etwas ...

Beim Walross sah ich Wasser blinken,
ich hatte Durst, es ließ mich ...

Dem Elefanten nahm ich keck
Mohrrüben dicht vorm Rüssel ...

Dann kam das Nashorn an die Reihe,
da pickte ich ein wenig ...

Beim Känguru fand ich Salat,
sehr schmackhaft, wirklich ...

Der dicke Bär hat nicht einmal
gebrummt, als ich ihm Zucker ...

Beim Kranich war ich dann zu Gast,
fraß Hirse, bis ich platzte ...

Als ich wie Blei ins Wasser fiel,
verschlang mich fast das ... ."

Samuil Marschak

trinken

delikat

stahl

gemerkt

Krokodil

fast

Kleie

Gänseklein

weg

Kleine Tiere

Was kriecht hier vorbei?
Es hinterlässt eine Spur,
eine Spur aus Schleim.
Das ist eine ...
Sie ernährt sich von Pflanzen.
... fühlen sich feucht und weich an.
Aber das ...haus ist hart.
Wenn du eine ... in die Hand nimmst,
zieht sie sich schnell in ihr Gehäuse zurück.

Was sitzt hier auf dem Blatt?
Schau dir die Beine an.
Die beiden hinteren sind lang und kräftig.
Damit springt das Tier.
Es ist ein ...
Der ... frisst von dem Blatt.
...schwärme können
ganze Felder kahl fressen.
Wenn du den ... fangen willst,
springt er davon.
Hopp, weg ist er!

Was kriecht hier auf dem Boden?
Es hat keine Beine.
Das ist ein ...
Er lebt am Boden.
Er frisst abgefallene Blätter,
welke Grashalme und tote Pflanzenteile.
Er gräbt Gänge durch den Boden
und lockert ihn.
Das ist gut für den Garten.
Nimm einen ... in die Hand.
Wie fühlt er sich an?

Was sitzt da an dem Grashalm?
Es ist rot und schwarz und weiß.
Es ist ein ...
Er wird auch Siebenpunkt genannt.
Und was sitzt da noch an dem Grashalm?
Das sind Blattläuse.
Davon lebt der ...
Er klettert zu ihnen hoch
und frisst sie auf.
Weg sind sie!

Katzensprache

Auf den Rücken legen:
„Ich vertraue dir!"

Schnurren:
„Ich brauche deine Zuneigung."

Schwanz pendelt hin und her:
„Ich bin auf der Lauer."

Rhythmische, massierende
Tritte mit den Vorderbeinen:
„Ich fühle mich wohl!"

Fauchen:
„Jetzt bin ich aber böse!"

Fragen an Katzenkenner

Können Katzen Farben sehen?
　Nein, Katzen sind farbenblind, sie sehen nur schwarz-weiß. Aber sie können auch im Dunkeln sehen, weil ihre Augen sehr lichtempfindlich sind.

Warum fangen meine beiden Katzen immer Fliegen und fressen sie auf? Sie bekommen doch genug Futter.
　Wenn sich in der Umgebung etwas bewegt, wird die Katze sofort aufmerksam. Denn obwohl sie nicht mehr Beute fangen muss, um satt zu werden, hat sie noch ihr Jagdfieber. Also schnappt sie nach Insekten, fängt Mäuse und Vögel – und frisst sie manchmal auch.

✤ Was möchtest du noch wissen? Schreibe Fragen auf.
　Suche die Antworten in einem Sachbuch über Katzen.

Kater Kuno

Kater Kuno
hat es schwer,
wohnt im großen
Häusermeer,
Rathausstraße
hundertzwei,
zehntes Stockwerk,
Flügel drei.
Wo nicht Löcher,
wo nicht Ritzen,
wo nie fette
Mäuse flitzen.
Guckt stets traurig
in die Luft.
Wartet wohl auf
Mäuseduft.

Alfred Könner

Kleine Katze

Augen blinzeln
Streicheln fein
Katze schnurrt

Marzipanschwein gefressen
Handschuh verschleppt
Stoffmaus bekämpft

Lockenwickler gejagt
Sofa bepinkelt
Telefonbuch zerfetzt

Ins Schaumbad gefallen
Am Vorhang geturnt
Erfolgreicher Tag

Katze müde
Streicheln fein
Augen zu

Chantal Schreiber

Inga

Als Inga aus der Schule nach Hause kam,
war der Vater so komisch.
„Ist etwas?", fragte sie.

„Es ist etwas Trauriges passiert.
Dein Häschen ist tot", sagte er.

Einen Augenblick war Inga ganz still,
dann füllten sich ihre Augen mit Tränen.

Der Vater nahm sie in die Arme.

„Wo ist Nischka? Kann ich ihn sehen?",
fragte sie.

„Ich habe ihn draußen im Garten
zwischen den beiden Büschen begraben",
sagte der Vater.

„Ich hätte ihn doch so gern
noch einmal gesehen",
sagte Inga und ging hinaus.

Nach einiger Zeit kam sie zurück
und ging in ihr Zimmer.

Arnold Grömminger

Anzeigen

Senta, eine etwa drei Jahre alte Schäferhündin, zutraulich, sehr lieb zu Kindern, wurde ausgesetzt und sucht nun dringend ein neues Zuhause bei tierfreundlicher Familie.
Tierheim Marsdorf, Im Winkel 6

Blauer Wellensittich entflogen, handzahm, spricht seinen Namen und die Adresse:
Hansi Günter, Freiheit 81.
Helfen Sie uns bitte ihn zu finden.
Timm und Toni Günter, Tel. 4 96 43 83

Junge Katze, schwarz-weiß, am Ohr verletzt, sehr scheu, ist zugelaufen.
Bitte abholen bei Schumann, Ginsterweg 10.

Bitte, bitte, Kuschel, komm zurück!
Wer hat mein Meerschweinchen gesehen?
Es sieht braun, weiß und schwarz gefleckt aus und hat eine ganz schwarze Nase.
Kuschel ist ein Vielfraß und mag am liebsten Möhren und Kohlrabiblätter.
Auf eine Nachricht wartet
Silvi Kunkel, Brentanostraße 51.

Zwei gepflegte Katzen, getigert, stubenrein, wegen Umzug dringend abzugeben. Tel. 5 26 39 14

Ich bitte um Hilfe!
Am Sonnabend, dem 29. 11., ist mein Kätzchen weggelaufen. Es hat ein hellbraunes Fell, einen weißen Fleck auf der Stirn und weiße Pfötchen.
Bitte, bitte melden Sie sich bei mir, wenn Sie es sehen.
Meine Telefonnummer: 2 25 81 09

Kennst du sie?

Er hat immer einen Kamm,
doch kämmt sich nie.

Sie watschelt über die Brücken,
hat was fürs Bett auf dem Rücken.

Es hat sein Nest auf dem Baum,
hüpft auf den Ästen herum
und ist doch kein Vogel.

Wer gickert und gackert
und macht viel Gerenne?
Wer legt viele Eier?
Das ist eine …

Es sitzt dort an dem Teiche
ein dicker, breiter Mann.
Er singt sein Abendliedchen,
so gut er singen kann.

Wer steht gern im Klee,
geduldig und brav?
Wer gibt uns viel Wolle?
Das ist das …

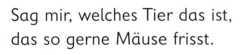

Sag mir, welches Tier das ist,
das so gerne Mäuse frisst.

Sag mir, welches Tier das ist,
das so gerne …

✥ Lies zu Hause diese Rätsel vor.
Wer kann sie lösen?

Anderswo

Was ich dir wünsch?
Ich weiß schon was!
Ich wünsch dir eine Reise.
Ich stell dir einen Fahrschein aus.
Sag nur wohin! Sag 's leise!

Elisabeth Borchers

Sprachen

Eine Familie zog weit weg in eine andere Stadt.
Die Kinder gingen gleich am ersten Tag einkaufen.
Sie sollten Wurst und Brötchen für die Möbelmänner holen,
und der Vater brauchte Nägel.

Als die Kinder zurückkamen, riefen sie:
„Hier gibt es keine Wurst und keine Brötchen!
Hier gibt 's nur Woscht und Weck!
Und Nägel gibt es hier auch nicht, nur Neeschel!"
Sie lachten und lachten.

Am nächsten Tag lernten sie die Nachbarskinder kennen.
Sie fragten: „Ist hier viel Verkehr auf der Straße?
Darf man hier Rollschuh laufen und seilspringen?"

Die Nachbarskinder sagten: „Bei uns uff de Gass derf mer
laafe un hippe wie mer will. Nor misst er uffbasse,
des er eich eiern Schwelles net an enem s-pitze S-tein s-tumbe duht!"
Und die Nachbarskinder lachten und lachten.

„Was meint ihr?", fragten die anderen.
„Was heißt ‚Schwelles' und ‚s-tumbe'?"
„Ihr liebe Leit!", riefen die Nachbarskinder.
„Versteht mer dann bei eich kein Deitsch?
Schwelles, des maant Kopf, un stumbe haaßt stoßen!"
„Ach so", sagten die anderen, und dann lachten sie mit.
Es dauerte gar nicht lange, bis sie genauso redeten
wie die Kinder in dieser Stadt.

Ursula Wölfel

✤ Lies Stellen vor, die dir ungewohnt vorkommen.
Kannst du sie übersetzen? Probiere es.

Auch so spricht man – in Deutschland

Ick steh uff de Brücke
und spuck in den Kahn,
da freut sich die Spucke,
det se Kahn fahren kann.

Berlin

Was sind Sie denn von Beruf?
„Straßenhändler!"
„Na gugge ma – Schdroaßenhändler!
Was gosd denn heeitzudahche
so 'ne Schdroaße?"

Sachsen

Ick

Ick sitze da und esse Klops –
mit eenmal klopts.
Ick kieke hoch und wundre mir,
mit eenmal jeht se uff, die Tür.
Ick stehe uf und denk: Nanu,
jetzt is se uff, erst war se zu.
Ick jehe hin und kieke:
Und wer steht draußen – icke!

Berlin

Slap, Kinning, slap!
Dien Vadding hött dei Schap,
dien Mudding hött dei bunte Kauh,
slap un dau dien Ögings tau.
Slap, Kinning, slap!

Mecklenburg

✤ Lies deinem Partner die Texte vor.
Übersetzt sie dann gemeinsam.

Wir verstehen uns alle sehr gut

Moritz sagt:
Hier sind meine Freunde.

Tom aus England

Guten Tag

Kim aus Vietnam

Good morning

Pawel aus Polen

Chào ban

Kemal aus der Türkei

Dzień dobry

Maria aus Italien

Tanja aus Russland

Merhaba

Buon giorno

Добрый день

✤ Welche Kinder aus einem anderen Land kennst du?
Wie heißt „Guten Tag" in ihrer Sprache? Sammle Guten-Tag-Wörter.

Ausländer

Mein Papa ist Ausländer.
… Und meine Mama ist Ausländerin.
Klaus und ich, wir sind auch Ausländer,
eben jetzt, obwohl wir Deutsche sind.
Denn eben jetzt sind wir in Dänemark.
Haha!
Daran hast du nicht gedacht, was?
Dass Deutsche auch Ausländer sind –
im Ausland.

Siv Widerberg

Spur im Sand

Ging da ein Weißer,
ein Schwarzer,
ein Roter?
Der Sand sagt:
Ein Mensch.

Hans Baumann

Was spielen die Kinder der Erde?

Manche Kinder schlagen Reifen,
manche Kinder einen Ball,
manche spielen Fangen, Greifen,
manche spielen Wartesaal.

Manche hüpfen auf der Stelle,
manche rollen durch das Gras,
manche spielen Himmel, Hölle,
manchen macht ein Wettlauf Spaß.

Manche spielen Schach und Brücke,
manche suchen Vierblattklee,
manche spielen kleine Stücke,
manche großes Varietee.

Manche spielen Mond und Sterne,
manche auch „Mensch, ärgre dich",
alle aber spielen gerne
ebenso wie du und ich.

James Krüss

Domino

Das Domino-Spiel ist als Spiel
in vielen Ländern verbreitet.
Erfunden wurde es in China.
Vor 250 Jahren kam es nach Europa.
Seitdem ist es auch in Deutschland bekannt.

Früher wurden die Domino-Steine aus Knochen hergestellt.
Heute fertigt man sie aus Holz oder Plastik.

Dominos kann man sich auch selbst herstellen, zum Beispiel so:

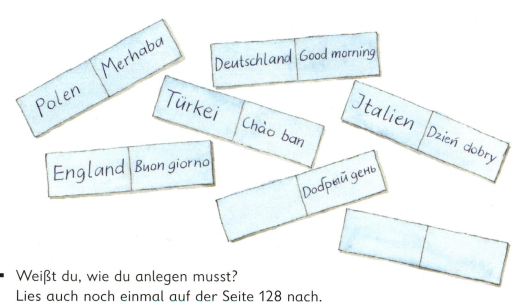

✤ Weißt du, wie du anlegen musst?
Lies auch noch einmal auf der Seite 128 nach.

Brotzeit

Jane lebt in England. Gerade ist sie aufgestanden.
Zum Frühstück isst sie am liebsten
heißen **Toast** (sprich: Toost) mit Butter und Marmelade.
So beginnt der Tag gut.

Milan in Tschechien freut sich besonders
über seine **Hörnchen** zum Frühstück.
Sie schmecken lecker und sind schön knusprig.

Luise lebt in Deutschland.
Gerade hat die Frühstückspause
in der Schule begonnen. Sie freut sich
über das leckere **Vollkornbrot** mit Käse.
Papa hat es für sie zurechtgemacht.

Ahmed lebt in der Türkei.
Als er von der Schule nach Hause kommt,
hat Mama schon das Essen fertig.
Es gibt Gemüse, Reis und Salat.
Dazu darf natürlich **Pide**,
das türkische Fladenbrot, nicht fehlen.

Roberto lebt in Italien. Hungrig kommt er
vom Spielen nach Hause.
Schnell bereitet er sich seine Lieblingsspeise zu:
Weißbrot mit Olivenöl, Tomate und Knoblauch.
Das Weißbrot heißt auf Italienisch **Ciabatta**
(sprich: Tschabatta).

Jaques lebt in Frankreich. Mama hat ihn
zum Bäcker geschickt. Dort kauft er **Baguette** (sprich: Bagett).
So heißt die lange, leckere Weißbrotstange.
Jaques bekommt großen Appetit und schon hat er
in das knusprige Endstück hineingebissen.

Bei Swetlana in Russland gibt es
zu jeder Mahlzeit frisches Brot dazu.
Jeder schneidet oder reißt sich
ein großes Stück **Schwarzbrot** ab.
Besondere Gäste werden mit Brot,
Salz und Wasser empfangen.
Das ist eine alte Tradition.

Inga lebt in Schweden. Hier wurde
das knackige **Knäckebrot** erfunden.
Inga isst das Knäckebrot gern mit Butter und
belegt es mit Wurst oder Käse zum Abendbrot.
Sie findet es lustig, wenn es in ihrem Mund
beim Kauen knistert.

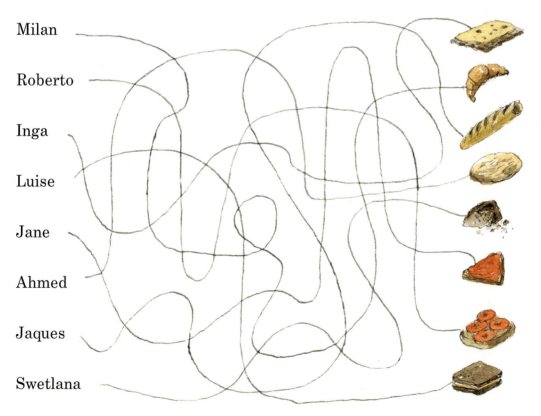

Milan

Roberto

Inga

Luise

Jane

Ahmed

Jaques

Swetlana

✚ Lies noch einmal nach, welches Brot die Kinder jeweils essen.
Gib den Inhalt eines Abschnittes mit eigenen Worten wieder.

Alisetti aus Tansania

Wir brauchen Wasser zum Kochen und Trinken,
zum Baden und Zähneputzen.
Wenn meine Mutter Wäsche waschen
oder Geschirr spülen will,
muss sie auch einige Eimer Wasser haben.
Dieses Wasser müssen wir von einem See,
einem Fluss oder einer Quelle herbeitragen.
Deshalb bauen wir unsere Dörfer
möglichst nahe an einer Wasserstelle.

Mutter sorgt für genug Wasser.
Die Kinder müssen ihr dabei helfen.
Sind wir noch klein, ist der Wassertopf noch klein,
sind wir größer, bekommen wir einen Eimer,
den wir dann auf dem Kopf nach Hause tragen.
Meistens gehen mehrere Geschwister zusammen.
Schwatzend und lachend merken wir nicht so sehr,
wie schwer der Eimer ist.

In unserem Nachbardorf
haben es die Frauen und Kinder
nicht so weit bis zur Wasserstelle.
Dort haben alle Einwohner gespart,
Rohre und eine Pumpe gekauft
und eine Wasserleitung in das Dorf gebaut.
Die Regierung hat ihnen dabei geholfen.
Jetzt gibt es im Dorf drei Wasserhähne,
an denen jeder sein Wasser holen darf.

✜ Lies vor.
Warum werden Dörfer in Afrika nahe an einer Wasserstelle gebaut?
Wer sorgt für das Wasser?
Vergleiche mit unserem Land.

Radha aus Indien

Ich heiße Radha.
Ich lebe in einem Dorf in der Wüste
im Norden von Indien.
Wenn wir in der Regenzeit
auf unseren Feldern arbeiten,
kann ich nicht zur Schule gehen.
Dann bauen wir Kürbisse und Wassermelonen
auf unseren Feldern an.
Doch heute bin ich die sechs Kilometer zur Schule
ganz besonders schnell gelaufen.
Ein Fotograf aus Deutschland hat uns besucht.
Er fotografierte uns in unserem Klassenraum.

✤ Betrachte auch die Fotos.
Tauscht eure Gedanken aus.

Reiseabenteuer

Am Ende von Sophies Ferienreise verliert sie auf dem Flughafen ihren Kuschelhasen Felix. Sophie ist darüber schrecklich traurig und macht sich große Sorgen, bis sie plötzlich einen Brief bekommt:

LONDON, IM AUGUST

Liebe Sophie,

leider habe ich dich im Flughafen verloren. Aber bitte mach dir keine Sorgen um mich! Mir geht es gut. Ich bin in ein falsches Flugzeug gestiegen. Das flog aber nicht nach Hause, sondern nach London. Hier gibt es eine viereckige Burg an einem Fluss, aber der Fluss ist ganz schön dreckig! Es gibt auch einen großen Palast, da stehen viele Männer mit seltsamen Mützen vor. So eine Mütze würdest du nicht mal im Winter anziehen. Und noch etwas ist komisch, alle reden hier ganz anders.

Ich melde mich bald wieder, du fehlst mir, dein

FELIX.

 Weitere Reiseabenteuer kannst du in diesem Buch nachlesen:

In der Bibliothek

Nimm ein Buch,
mach es auf:
Du kommst auf was drauf.
Lass es sein, mach es zu:
Es gibt keine Ruh.
So ist das eben:
Die Bücher leben.

Wolf Harranth

In der Bücherei

Ich möchte gern 10 dicke gruselige Bücher,
10 Horrorkassetten und 10 spannende Videos.

    Zeig doch mal deinen Benutzerausweis.

Benutzerausweis? Wozu denn das?

    Jeder, der hier etwas ausleihen möchte,
    muss eine Anmeldekarte ausfüllen.
    Darauf stehen dein Name, das Geburtsdatum und deine Anschrift.
    Mutti oder Vati müssen unterschreiben
    und ihren Personalausweis vorlegen.

Wozu denn das? Ich dachte, die Ausleihe ist kostenlos.
Nachher bringe ich doch alles wieder.

    Aber wenn du nach vier Wochen die Bücher
    nicht zurückgebracht hast oder sie sind weg oder kaputt,
    dann musst du Strafe zahlen.

Und wenn Mutti unterschrieben hat, muss Mutti die Strafe zahlen.
Das ist gut für mein Taschengeld.
Genau vier Wochen darf ich die Sachen behalten?

    Bücher – vier Wochen, Videos – eine Woche.
    Du kannst die Zeit aber auch verlängern.

Kann ich bei Ihnen noch anderes ausleihen?

    Natürlich. Bei uns gibt es noch Hörkassetten,
    Zeitungen und Zeitschriften, Comics, Handpuppen,
    CD-ROMs und Spiele.
    Komm einfach mit Mutti oder Vati wieder.

In Ordnung, das mache ich.
Können Sie mir schon eine Anmeldekarte geben?

    Bitte sehr. Bis bald, aber schau dir die Öffnungszeiten an …

✢ Übe mit deinem Partner. Lest zuerst. Probiert es dann zu spielen.

Fabelhafte Ausreden für vergessliche Kinder

Tut mir leid, ...

Wir waren im Zoo, und ich hatte Ihr Buch dabei.
Zuerst waren wir beim Vogel Strauß.
Und der hat einfach Ihr Buch verschluckt.
Der Wärter sagte: „Das spuckt er schon wieder aus."
Aber so lange konnten wir nicht warten ...

Samstag waren wir im Zirkus,
und ich hatte Ihr Buch mit,
um es in der Pause zu lesen.
Aber da hat es ein Elefant gegrapscht.
Mein Papi konnte es gerade noch
unter dem Elefantenpopo wegziehen.
Und jetzt versucht Mami,
das verflixte Buch wieder glatt zu bügeln ...

Ich habe mir Ihr Buch zurechtgelegt,
aber da kam ein Einbrecher.
Und der hat unser Videogerät geklaut und
Mamis Handtasche und das verflixte Buch.
Am Morgen haben wir es im Garten gefunden.
Aber der Polizist hat es mitgenommen
wegen der Fingerabdrücke.

Jo Furtado

Am Montag
war ich im Schwimmbad.
Da hatte ich das Buch mit ...

Also eigentlich
wollte ich die Bücher
ganz pünktlich abgeben, aber ...

✤ Wie könnte die Bibliothekarin antworten, wenn sie diese Ausreden hört?

Freunde

Es war einmal ein Kind, das war lange krank,
und da seine Krankheit ansteckend war,
durfte niemand es besuchen.
Natürlich war das Kind sehr traurig, und natürlich
langweilte es sich. Doch als es sich eine Weile
in seinem Zimmer umgesehen hatte,
verschwand seine Traurigkeit,
und es langweilte sich auch nicht mehr.

Schließlich wurde es wieder gesund,
und die Kinder der Nachbarschaft
durften es wieder besuchen, und
sie brachten Geschenke und fragten:
War es nicht schrecklich, so allein?

Aber ich war doch gar nicht allein!
Sagte das Kind. Tom Sawyer war bei mir
und Huckleberry Finn und Tim Thaler
und Pippi Langstrumpf und Pinocchio
und Pünktchen und Anton
und all die anderen alten Freunde!

Und die Kinder der Nachbarschaft,
die kaum ein Buch kannten,
sperrten verwundert Mund und Nase auf
und fragten eifersüchtig: Aber wo sind sie
denn geblieben, deine guten alten Freunde?!

Da, sagte das Kind und lachte und zeigte
auf das Bücherbrett an der Wand.

Hans Stempel, Martin Ripkens

 Kennst du diese oder andere Freunde? Erzähle von deinen Lesefreunden.

Die folgenden Freunde sind dir schon auf einer Kassette, im Film oder anderswo begegnet. Geboren sind sie alle als Helden in einem Buch.

Biene Maja
Das Biest
Pippi Langstrumpf
Aschenputtel
Mowgli
Pinocchio

❖ Ordne die Namen der Figuren den richtigen Bildern zu.

Bei uns in der Bibliothek

Ich erzähle gern Witze.
Deshalb leihe ich mir
häufig Witzbücher aus.
Oft fange ich gleich
in der Bibliothek
zu lesen an.

Comics hole ich mir
besonders gern.
Die Bilder finde ich toll.
Außerdem ist es nicht so viel Text.

In unserer Bücherei gibt es auch
einen Computer.
Da leihe ich mir manchmal
eine CD-ROM aus.
Man kann sogar ins Internet.

Manchmal finden
in der Bibliothek
Veranstaltungen statt.
In der letzten Woche erzählte
Frau Elmasörs,
unsere Bibliothekarin,
türkische Märchen.

Am schönsten finde ich Geschichten.
Die Mini-Geschichten von Christine
Nöstlinger und die King-Kong-
Geschichten von Kirsten Boie
haben mir sehr gefallen.
Mal sehen, was ich heute finde.

In unserer Bücherei gibt es
auch Spiele und Videos.
Heute möchte ich
„Pippi Langstrumpf"
als Film mitnehmen.
Das Buch habe ich schon
dreimal gelesen.

✤ Besucht gemeinsam mit der Klasse eine Bibliothek.
   Wie ist es dort? Vergleicht mit diesen Seiten.

Jan leiht sich einen Hund

Eines Tages hat Jan eine Idee. Erst traut er sich nicht,
aber dann fragt er Bauer Rottmann doch:
„Darf ich mal mit Hasso spazieren gehen?"
Bauer Rottmann hat nichts dagegen.
„Meinetwegen", sagt er. Er holt eine starke Leine
und befestigt sie an Hassos Halsband. Er gibt sie Jan.
„Aber lass Hasso ja nicht von der Leine", ermahnt er ihn.
„Hörst du? Sonst haut er ab."
Jan nickt. Dann geht er mit Hasso vom Hof.
Hasso ist ganz wild vor Freude.
Er springt und zerrt an der Leine.

Einmal besucht Jan mit Hasso seinen Freund Philip.
„Komm, wir spielen Fußball",
schlägt Philip vor. „Au ja", sagt Jan.
Er bindet Hasso an einem Tisch
auf der Terrasse fest.
Aber Hasso will unbedingt mitspielen!
Er bellt und zieht so an der Leine,
dass der Tisch fast umkippt.
„Lass ihn doch mitmachen", sagt Philip.
„Ich darf ihn aber nicht von der Leine lassen", sagt Jan.
„Aber hier kann er doch nicht weglaufen", sagt Philip.
Das stimmt eigentlich,
denn um den Garten ist ein hoher Zaun.
Also wagt es Jan.

Anne Maar

✤ Erzähle, wie es weitergehen könnte.
Leih dir das Buch aus.
Prüfe, ob deine Vermutungen stimmen.

Vorlesezeit

Sina und Roman haben sich Bücher aus der Bibliothek geholt.
Sina setzt sich zuerst auf den Vorlesestuhl.
Sie hat sich gut vorbereitet.
Alle anderen hören genau zu.
Sina liest aus dem Buch
„Jan leiht sich einen Hund" vor.

Roman hat das Buch „Bootsmann auf der Scholle"
von Benno Pludra mitgebracht.
Er erzählt etwas davon
und liest dann eine besonders spannende Stelle vor.
In diesem Buch geht es um einen kleinen Hund.
Er wird Bootsmann genannt.
Aber was macht er auf der Scholle?

✤ Überlege, welches Buch du gern anderen empfehlen
möchtest. Wähle eine Stelle aus. Lies sie vor.
Erzähle, warum dir das Buch gefällt.

Steckbrief
für Lese-, Seh- und Hörfreunde

Wie heißt dein Lieblingsfilm?
Pettersson und Findus

Wie heißt der Film, zu dem du schon einmal ein Buch gelesen hast?
Der kleine Eisbär

Zu welchem Buch wünschst du dir einen Film?
Abenteuer im Mäusereich

Wie heißt deine Lieblingsfilmfigur?
Benjamin, der Elefant

Welche Filmrolle würdest du gern spielen?
Mowgli

Wie heißen deine Lieblingshörgeschichten?
Märchen der Brüder Grimm

Welche Hörgeschichte kennst du, zu der du auch ein Buch gelesen hast?
Hexe Lilli von Knister

Wann hörst du am liebsten Kassetten oder CDs?
Abends vor dem Einschlafen.
Auch beim Autofahren.

Wo hörst du sie am liebsten?
Im Bett.   *Ben*

✤ Schreibt und malt zu euren Lese-, Seh- und Hörfreunden.

Ich höre, sehe, lese gern ...

Dieses Video sehe ich immer wieder gern. Findus gefällt mir einfach. Die Bücher gab es schon vor diesem Film. Ich habe sie alle gelesen. Manche lese ich jetzt auch meiner kleinen Schwester vor.

Am liebsten blättere ich in meinem Lexikon. Wenn ich etwas Bestimmtes wissen will, suche ich ganz genau nach dem Alphabet. Manchmal jedoch lese ich mich einfach fest und staune, was es alles gibt.

Die Zeitschrift haben wir abonniert. Sie kommt alle 14 Tage direkt zu uns nach Hause. Ich lese fast alle Artikel. Man findet immer etwas Interessantes zum Ausprobieren.

Ich sehe mir gern die Löwenzahn-Sendungen im Fernsehen an. Viel Spaß macht es mir auch, mich mit einer CD-ROM zu den Löwenzahn-Sendungen zu beschäftigen. Es ist nie langweilig, und man lernt noch etwas dabei.

Am liebsten liege ich auf dem Teppich und höre meine Lieblingskassette. Den Text kenne ich fast auswendig. Manchmal spreche ich richtig mit.

✤ Gestaltet eine Ausstellung mit euren Lieblings-CDs, -Videos, -Büchern, -Zeitschriften.
Überlegt, was ihr davon genauer vorstellen wollt.

Ein Abc voller Bücher

Abenteuerbücher
Backbücher
Comics
Donald-Duck-Geschichten
Erzählungen
Filmbücher
Gedichte
H …
I …
Jugendbücher
K …
Liebesgeschichten
Märchenbücher
Naturbeobachtungen
Ottifantenbücher
P …
Quatschgeschichten
Reise-/Ritter-/Rätselbücher
S …
Tiergeschichten
Unsinnverse
V …
Witzbücher
X-beliebige Bücher
Y-Rätsel
Zirkusgeschichten

✤ Die Illustrationen weisen auf bestimmte Bücher hin.
Nenne sie. Welche Bücher kennst du noch?

Unheimliches und Spannendes

Angst haben ist etwas ganz Natürliches,
also habt keine Angst davor.

Vom Zittern

In mir wohnt ein Zitterhase,
weißer Schwanz und rosa Nase.
Wenn es draußen mal gewittert,
fühl ich, wie er in mir zittert.

Fall ich über einen Stein,
heult er: „Hilfe, au, mein Bein!"
Schimpft die Lehrerin mich aus,
jammert er: „Ich will nach Haus!"

Warte, feiger Zitterhase,
weißer Schwanz und rosa Nase.
Such dir einen andern Ort!
Scher dich fort!

In die Höhle einer Pappel
springt der Hase mit Gerappel.
Wenn es draußen mal gewittert,
seh ich, wie die Pappel zittert.

Viktoria Ruika-Franz

✤ Tauscht eure Gedanken zum Gedicht aus.
Welcher Zitterhase hat bei euch
schon einmal gewohnt?

Angst geh weg!

Ich kenne einen tollen Spruch.
Den sag ich immer dann,
wenn ich mal richtig ängstlich bin.
Hör dir den Spruch mal an:

Grusel, Grusel, Furcht und Schreck
Angst verschwinde,
Angst geh weg!

KNISTER

- ✤ Überlege, wie du den Spruch sprechen möchtest:
  - mutig und entschlossen
  - ängstlich und zitternd
  - langsam und geheimnisvoll
  oder …

Warum Angst haben wichtig ist

Jeder Mensch, auch du, hat mal Angst.
Das Gefühl „Angst" warnt dich:
Du sollst nicht leichtsinnig, sondern vorsichtig sein.
Man kann lernen, mit seiner Angst umzugehen.
Überlege, was du in folgenden Situationen tun würdest:

1 Deine Eltern sind abends ausgegangen.
  Du bist allein und fürchtest dich im Dunkeln.
  Was tust du? Wähle aus.

  Ich …
  A sehe mir einen spannenden Film an.
  B rufe meine Eltern, Verwandte oder Freunde an.
  C schalte das Licht an. Licht beruhigt.
  D höre ruhige Musik oder eine Geschichtenkassette.
  E versuche …

2 Es kommt zu ständigen Rempeleien
  mit einer Mitschülerin oder einem Mitschüler
  deiner Klasse.
  Was tust du?

  Ich …
  A erzähle es meinen Eltern oder älteren Geschwistern.
  B schwänze die Schule, bis meine Angst vorbei ist.
  C spreche mit einer Lehrerin oder einem Lehrer.
  D rufe eine Kummernummer an und hole mir so Hilfe.
  E gehe …

Zusammen

King hat Angst im Dunkeln. Abends traut er sich nicht
allein auf den Dachboden. Und nun muss er.
Denn Oma ist da. Sie schläft in der Dachkammer.
Und King soll ihr Taschentuch holen. Aber King
traut sich nicht. Und darum sagt er: „Da geh ich aber nicht hin.
Geh doch selber hin!" – „Ich will schon", sagt Oma.
„Aber ich trau mich nicht. Ich habe Angst im Dunkeln."

Wie komisch: Eine alte Oma, die Angst hat!
Ob sie dann zusammen gehen wollen?
Das machen sie.
Sie gehen ganz vorsichtig nach oben.
King muss Oma helfen.
Denn Oma kann nicht so gut sehen.
Endlich sind sie oben. Oma knipst das Licht an.
„So, jetzt kann ich wieder richtig sehen",
sagt sie froh. „Im Dunkeln habe ich Angst,
dass ich hinfalle. Wovor hast du Angst, King?"

Eigentlich weiß er es nicht.
Er hat keine Angst, dass er im Dunkeln hinfällt.
Oder irgendwo gegenläuft. Er hat Angst
vor widerlichen Sachen, die es eigentlich nicht gibt.

„Und ich habe Angst vor Sachen, die es
sehr wohl gibt", sagt Oma lachend.
„Zusammen trauen wir uns schon. Und vielleicht", sagt Oma,
„traust du dich morgen sogar allein. Oder übermorgen."
Vielleicht! Aber das kann man jetzt noch nicht wissen.

Dolf Verroen

✤ Lies genau nach. Wovor hat Oma Angst?
Wovor hat King Angst? Und du? Erzähle.

Flüstergeschichte für dunkle Stunden

Ein Sprechchor flüstert die Worte. „–" bedeutet: kurze Pause	*Begleitende Geräusche*
In einer dunklen, dunklen Stadt – liegt eine dunkle, dunkle Straße.	*Pauke oder große Trommel mit 2 Klöppeln leise und rasch hintereinander anschlagen*
Und in der dunklen, dunklen Straße – steht ein dunkler, dunkler Baum.	*Blätter rascheln (mit Papier), Hände kreisen auf Trommel, Käuzchenruf*
Und bei dem dunklen, dunklen Baum – steht ein dunkles, dunkles Haus.	*Mit Xylofon Tritte andeuten*
Und in dem dunklen, dunklen Haus – ist eine dunkle, dunkle Tür.	*Tür knarrt (mit Knarre)*
Und hinter der dunklen, dunklen Tür – ist ein dunkles, dunkles Zimmer.	*Xylofon macht Uhrenticken, Triangel Uhrenschläge*
Und in dem dunklen, dunklen Zimmer – steht ein dunkler, dunkler Stuhl.	*Auf Bügel gespannte Perlonschnur zupfen, Gummi über nasse Spiegel führen*
Und in dem dunklen, dunklen Stuhl – sitzt ein dunkler, dunkler Mann.	*In Flasche blasen, heiser hüsteln*
Und der dunkle, dunkle Mann – hat eine dunkle, dunkle Hand.	*Aufgeblasene Luftballons mit Erbsen sacht rütteln*
Und die dunkle, dunkle Hand – hält ein dunkles, dunkles Kästchen.	*Wieder leiser Paukenwirbel*
Und aus dem dunklen, dunklen Kästchen – kommt eine dunkle, dunkle Stimme: !!! ERSCHRICK MIR NICH !!!	*Diese Worte im Chor brüllen, von Geräuschen begleitet*

Christa Zeuch

Vorwärts – rückwärts

Lies vorwärts oder rückwärts mich,
ich bleibe unveränderlich.
Nachts flieg ich durch den dunklen Wald,
denn dieser ist mein Aufenthalt.
Der Sonne Licht mag ich nicht.
Und wenn ich rufe, schaudert 's dich.
Den eigenen Namen nenne ich.
Lies vorwärts oder rückwärts mich,
ich bleibe unveränderlich.

Hans Gärtner

Masken

Willst du zeigen, was dieser ... geist alles kann?
Flattern, kreischen, erschrecken oder streicheln,
säuseln oder schmeicheln?
Aus Pappe schneidest du die ... maske aus und ziehst
einen Gummi durch, damit du sie tragen kannst.
Die Augen musst du ebenfalls ausschneiden.
Schnabel und Federn kannst du einfach
aus farbigem Papier ausreißen und aufkleben.
Jetzt kannst du losfliegen.

Schreckliche Gespenstertöne

Als Gespenst muss man unheimlich
schauderhafte Laute von sich geben.
Einige Gespenster winseln, wimmern
oder jammern, andere jaulen, heulen,
röcheln oder schreien.
Das hört sich etwa so an:
Huhu! Hihihi!
Huu – aauh! Ggggrrr!
– oder auch anders.

Hajo Blank

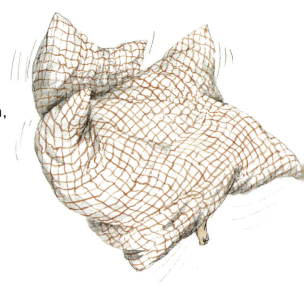

Das Bettgespenst

Unter dieser Zauberdecke
liegt ein Geist in dem Verstecke,
kichert: „Hi!"
kichert: „Ho!"
kratzt sich gar an seinem Po!
Wackelt mit dem großen Zeh!
Warte nur, wenn ich dich seh!
Zieh ich schnell die Decke weg,
ist er nicht mehr da vor Schreck.

Roswitha Fröhlich

Die häufigsten Gespensterarten

Klappergespenster klappern mit allem,
was sie in die Hände bekommen.

Nebelgespenster schweben fast unsichtbar
in dichten, weißen Nebelwolken.
Schleckt die Sonne den Nebel weg,
sind auch sie verschwunden.

Kellergespenster naschen gern.
Sie knabbern an allem Essbaren,
was sie im Keller finden können.

Bettgespenster verbringen die Nacht
am liebsten in menschlicher Gesellschaft.

Feuergespenster knacken, knistern
und sind wasserscheu.
Lasst sie nicht ins Haus.

Klopfgespenster klopfen an Fenster
und Türen – einfach nur so.

Zappelgespenster sind lebhafte Biester,
die zittern und vibrieren ohne zu frieren.

Schreckgespenster quieken ganz fürchterlich.
Gelegentlich erschrecken sie sich dabei gegenseitig.

Hajo Blank

Waldgespenster ...

    Raschelgespenster ...

Quietschgespenster ...

Schule für junge Vampire und Gespenster

Stundenplan 2. Klasse

Montag	Dienstag	Mittwoch
Klamotten und Masken anfertigen	Grimassen schneiden	ein- und ausbrechen, sich unsichtbar machen
Türen, Deckel, Fenster öffnen und schließen	sich schrecklich schminken	sich verrenken und verbiegen
kratzen, beißen, würgen, kitzeln	kreischen, heulen, wimmern, röcheln	fliegen um Mitternacht
Leute erschrecken	sich verstecken	schwimmen bei Mondlicht und in Salzsäure
Zaubersprüche murmeln	auf Skelettinstrumenten spielen	Gespenstergeschichten lesen

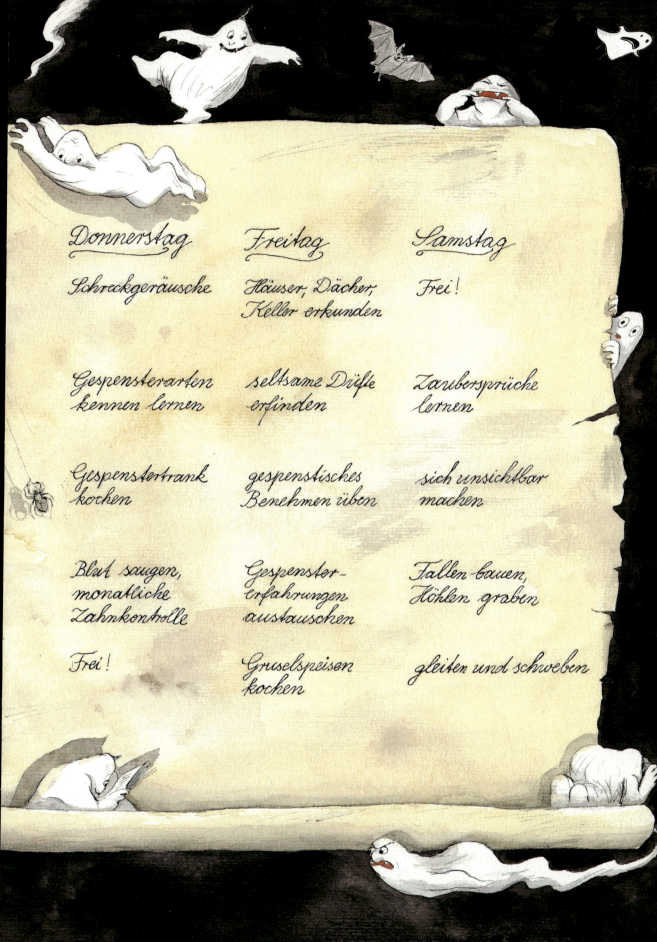

Donnerstag	Freitag	Samstag
Schreckgeräusche	Häuser, Dächer, Keller erkunden	Frei!
Gespensterarten kennen lernen	seltsame Düfte erfinden	Zaubersprüche lernen
Gespenstertrank kochen	gespenstisches Benehmen üben	sich unsichtbar machen
Blut saugen, monatliche Zahnkontrolle	Gespenster-erfahrungen austauschen	Fallen bauen, Höhlen graben
Frei!	Gruselspeisen kochen	gleiten und schweben

Zauberspruch

*Wisper knisper
   Wurzelfee,
wer mich sucht,
   dem tu ich weh:
Beiß ihn
   in den großen Zeh –
werf ihn
   in den Tümpelsee –
tunke ihn
   ins Glibbermoor –
kneif ihn
   in sein Lumpenohr –
drehe ihm
   die Nase quer ...
Wenn du Mut hast,
   komm nur her!*

Max Kruse

Im Sommer

Eine Lerche, die singt,
uns noch keinen Sommer bringt.
Rufen Kuckuck und Nachtigall,
ist der Sommer überall.

Zwei Jungen

Zwei Jungen auf der Straße
aßen Himbeereis,
der eine war braun,
der andere war weiß.

Du, sagte der eine
und aß von seinem Eis,
warum bist du so braun,
warum bist du nicht weiß?

Du, sagte der andere,
aß auch von seinem Eis,
warum bist du nicht braun,
warum bist du so weiß?

Da lachten alle beide
und aßen Himbeereis,
der eine war braun,
der andere weiß.

Gerlinde Schneider

Eis

Erdbeer, Schoko, Nuss, Zitrone,
ich brauch unbedingt ein Eis,
denn bei dieser Affenhitze
wird die Zunge viel zu heiß.

Christa Wißkirchen

Sommerfreuden

Für viele Leute ist der Sommer die schönste Jahreszeit.
Sven findet es toll, dass er seine roten Boxerbadehosen anziehen und sich vom Startblock ins Wasser stürzen kann.
Karina und Marlen spielen besonders gern Federball.
Eislecken ist wohl im Sommer und im Winter beliebt.
Roman freut sich immer auf seine Rieseneistüte.
Ein Sandkasten in der Badeanstalt ist zwar nicht
mit dem Ostseestrand zu vergleichen, aber buddeln
und eine Kugelbahn bauen kann Ivo dort genauso.

✤ Findest du Sven, Karina, Marlen, Roman und Ivo? Lies noch einmal genau nach.

Das Gewitter

Wenn die dunkelblauen Gewitterwolken aufziehen,
klettert Hans auf den Dachboden
und schaut zum Fenster hinaus.

Zuerst blitzt es, und dann folgt der Donner.
Die ersten Tropfen fallen.

Hans fürchtet sich überhaupt nicht.
Das ist noch schöner als fernsehen, denkt er.

Dann rauscht der Regen herab.
Herrlich, wie das auf die Dachziegel prasselt!

Erwin Moser

Gewitter

Der Regen peitscht.
Die Pappel heult.
Der Dachstuhl stöhnt.
Der Donner keult.

Der Donner ballert.
Die Blitze zacken,
als wollten sie
die Welt zerknacken.

Ich bleibe hinter
den Scheiben stehn.
Die Angst? –
Die kann ja keiner sehn.

Werner Lindemann

✣ Male zu einem Text ein passendes Bild.
Welcher der beiden Texte ist ein Gedicht?
Welcher ist eine Geschichte?

Urlaubspläne

Also bei uns ist das so:
Mama will im Sommer ans Meer,
Papa will in die Berge.
Darum fahren wir einen Sommer ans Meer,
im anderen in die Berge.
Wenn wir in den Bergen sind, sagt Mama,
sie hätte Beklemmungen.
Wenn wir am Meer sind, sagt Papa,
das ewige Herumliegen am Strand
ginge ihm auf die Nerven.
Nach meinen Nerven fragt keiner.

Roswitha Fröhlich

*Mein Urlaubswunsch
In den Sommerferien möchte ich am liebsten …*

Ferienfundstücke

Sicher werdet ihr in den Ferien viel erleben –
vielleicht auf einem Bauernhof,
mit euren Freundinnen und Freunden
zu Hause, bei den Großeltern,
auf einer Urlaubsreise ins Gebirge oder …
Damit ihr eure Ferienerlebnisse nicht vergesst,
ist es gut, wenn ihr Dinge sammelt,
die euch auch noch später an etwas Schönes,
Interessantes, Lustiges oder Spannendes
in den Ferien erinnern. Das kann eine Feder,
eine Muschel, eine Eintrittskarte oder … sein.
Bringt jeweils ein solches Fundstück mit.
Legt es in den ersten Schultagen der Klasse 3
in eure Ferienkiste. Sicher gibt es dazu
viel zu fragen und zu erzählen.

✤ Male und schreibe deinen Ferienwunsch auf. Sammle in den Ferien etwas, das dich auch später an ein besonderes Erlebnis erinnert.

Im Zirkus

„Pippi", sagte Thomas keuchend, denn er war so schnell gelaufen, „Pippi, willst du mit in den Zirkus gehen?"
„Ich kann überall mit hingehen", sagte Pippi, „aber ob ich mit in den Surkus gehen kann, weiß ich nicht, denn ich weiß nicht, was Surkus ist. Tut das weh?"
„Wie dumm du bist", sagte Thomas. „Das tut doch nicht weh! Das ist furchtbar lustig! Da sind Pferde und Clowns und schöne Mädchen, die auf dem Seil balancieren."
„Aber es kostet Geld", sagte Annika und öffnete ihre kleine Hand, um nachzusehen, ob das große blanke Zweikronenstück und die zwei Fünfzigörestücke immer noch drinlagen.
„Ich bin so reich wie ein Zauberer und kann mir jederzeit einen Surkus kaufen", sagte Pippi. „Obwohl es ja eng wird, wenn ich noch mehr Pferde hier hätte. Die Clowns und die schönen Mädchen kann ich schon noch in die Mangelstube reinstopfen, aber das mit den Pferden ist schlimmer."
„Du bist ja dumm", sagte Thomas. „Du sollst den Zirkus doch nicht kaufen. Es kostet Geld, reinzugehen und zuzusehen, verstehst du?"
„Gott bewahre", schrie Pippi und kniff die Augen zusammen. „Kostet es Geld zuzusehen? Und hier glotze ich alle Tage! Wer weiß, für wie viel Geld ich schon geglotzt habe!"
Langsam öffnete sie vorsichtig das eine Auge und ließ es herumrollen. „Koste es, was es wolle, aber jetzt muss ich mal gucken!"
Schließlich gelang es Thomas und Annika aber, Pippi zu erklären, was ein Zirkus ist, und dann nahm Pippi einige Goldstücke aus ihrem Koffer.
Sie setzte ihren Hut auf, der so groß war wie ein Mühlrad, und sie trabten los zum Zirkus.

Astrid Lindgren

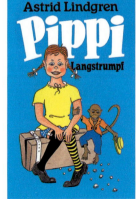

✣ Wie findest du Pippi? Begründe. Wenn du lesen möchtest, was sie dann im Zirkus erlebte, besorge dir für die Sommerferien dieses Buch.

... und anderswo

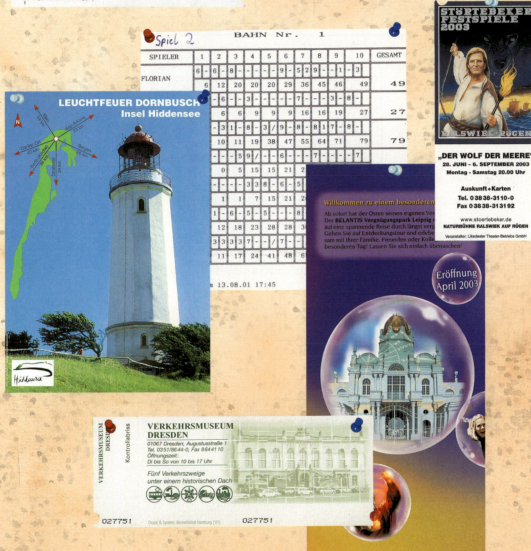

✤ Finde wie ein Detektiv heraus, welche Sommererlebnisse hinter diesen Erinnerungen stecken. Erkläre, woran du es erkennst. Stellt euch Suchaufgaben, z. B. Wie viel kostet die Zirkuskarte? Wann hat das Verkehrsmuseum in Dresden geöffnet? Wo ...

Die Geschichte von der Mutter, die an alles denken wollte

Eine Mutter wollte im Urlaub mit ihren drei Kindern
auf einen ... steigen.
Sie überlegte, was man mitnehmen müsste.
An alles wollte sie denken:

Zum Beispiel könnte es Regen geben.
Also brauchten sie ...
und trockene Schuhe und Strümpfe.
Es könnte auch zu früh dunkel werden.
Die Frau nahm eine ... mit.

Es könnte auch sein, dass sie sich verirrten.
Dann müssten sie über Nacht draußen bleiben.
Die Frau packte ein ... und Schlafsäcke ein,
dazu einen Spirituskocher, einen großen Kochtopf
und Lebensmittel für ein paar Tage.

Und wenn einer von ihnen unterwegs ... würde?
Unbedingt mussten sie Medizin
für verschiedene Krankheiten und Verbandszeug haben.
Dann fiel der Frau noch ein,
dass es Nebel geben könnte.
Also band sie die Kinder an ein starkes Seil
und hängte sich ein ... um den Hals.
So stiegen sie auf den Berg und
schleppten sich ab und keuchten und ...
Aber sehr weit kamen sie nicht.

Die Frau trat in einen Kuhfladen,
und weil sie so schwer bepackt war,
rutschte sie den steilen Hang wieder hinunter,
und die Kinder am Seil rutschten hinterher.
An die ... auf dem Weg hatte die Frau nicht gedacht.

Ursula Wölfel

Liebe Oma, deine Susi

Susi verbringt mit ihren Eltern die Ferien in Griechenland.
In Briefen und Karten an ihre Omi erzählt sie von ihren Ferien.
Diese Karte findest du in Christine Nöstlingers Buch
„Liebe Oma, deine Susi".

> Dienstag, 13. 8.
>
> Liebe Oma!
> Die Mama hat mir Sandalen gekauft. Und für dich ein wunderschönes Mitbringsel-Geschenk!
> Aber ich verrate dir natürlich nicht, was es ist! Der Paul und ich haben eine Sandburg gebaut. Der Papa und der Paul-Papa haben mitgebaut. So eine schöne Sandburg gibt es kein zweites Mal! Ehrenwort!
> 100 000 Küsse!
> Deine Susi
>
> Frau
> Mizzi Swoboda
> Geblergasse 12
> A-1170 Wien

✤ Wem möchtest du gern einen Gruß aus den Ferien schicken? Ihr könnt Lose mit euren Namen anfertigen und so einen Briefpartner für die Ferien auslosen.

Rätsel-Express – bitte zusteigen

1 Welche Bäume blühen nicht?

2 Wo haben die Flüsse kein Wasser?

3 Warum ist Rätselraten gefährlich?

4 Wer geht übers Feld und bewegt sich nicht?

5 Welches Laub wird immer kleiner?

6 Wer hat die meisten Reisen um die Erde gemacht?

7 Was versteht man unter einer Eisenbahnbrücke?

8 Welche Schlangen sieht man auf der Straße?

9 Wie kommt die Ameise über den Fluss?

10 Auf welcher Straße kann man weder fahren noch gehen?

Lösungen:

1 Die Purzelbäume.
2 Auf der Landkarte.
3 Weil man sich den Kopf zerbricht.
4 Der Feldweg.
5 Der Uhulaub.
6 Der Mond.
7 Nichts.
8 Die Autoschlangen.
9 Als Meise.
10 Auf der Milchstraße.

Dorothée Kreusch-Jacob

✤ Kontrolliere deine Lösungen mit einem Spiegel. Mit diesen und anderen Scherzrätseln kannst du dir ein kleines Ferien-Rätsel-Buch gestalten. Rätselraten macht sicherlich auch deinen Mitreisenden Spaß.

Spiele auf langen Fahrten mit dem Auto oder Bus

Du beginnst mit „Kein Auto …"
Deinem Mitspieler muss blitzschnell einfallen „… ohne Räder".
Dafür darf er dann eine neue Aufgabe stellen,
zum Beispiel „Kein Zug …" oder „Kein Topf …"

Du beginnst „Ich fahre in den Urlaub
und nehme meinen Schnorchel mit."
Dein Partner wiederholt diesen Satz und nennt
einen weiteren Gegenstand, zum Beispiel „Ich fahre in den Urlaub
und nehme meinen Schnorchel und die Taucherbrille mit."
So geht es immer weiter.

Wenn ihr an einer Kreuzung warten müsst, im Stau steht
oder eine Rast macht, könnt ihr gut
„Ich sehe was, was du nicht siehst" spielen.
Wer kann es erklären?

Notiert Kennzeichen und Länderzeichen von den Fahrzeugen,
die längere Zeit vor euch fahren.
Findet heraus, wie die Städte, die Orte oder die Länder heißen.
Wer findet sie im Atlas?

Vielleicht notiert ihr gemeinsam in einem Familien-Ferien-Abc,
was ihr gern in den Ferien unternehmt oder …

Luftballon

Luftballon
Lufftballon
Luffftballon
Lufffftballon
Luffffftballon
Lufffffftballon
Luffffffftballon
Lufffffffftballon

PENG!

Erwin Grosche

Die Luftmatratze

Luftma-
Lufttra-
Luftma-
Lufttra-
Luftma-
Lufttra-
Luftmatratze erste Kammer
Luftma-
Lufttra
Luftma-
Lufttra-
Luftma-
Lufttra-
Luftmatratze zweite Kammer
Luftma-
Lufttra-
Luftma-
Lufttra-
Luftma-
Lufttra-
Luftmatratze fertich samma!

Erwin Grosche

Wenn du in Bayern in den Ferien bist, frage einmal, was *fertich samma* heißt. Oder kannst du es vermuten?

✤ Sprich so, als würdest du den Luftballon und die Luftmatratze gerade aufpusten. Weitere lustige Gedichte und Texte findest du im Buch *Der Badewannenkapitän* von Erwin Grosche.

Aufträge für Lesedetektive

Wie viel Kapitel hat das Lesebuch?
Welches Kapitel interessiert dich besonders?

Suche dein Lieblingsgedicht.
Trage es vor.

Welchen Text findest du lustig?
Lies ihn vor.

Im Lesebuch gibt es viele Illustrationen
von Christa Unzner.
Suche Seiten, die dir besonders gut gefallen.

Auf welchen Seiten des Lesebuches
werden Lesetipps zu Kinderbüchern gegeben?
Schreibe zwei Beispiele auf.
Vielleicht kannst du sie in der Bibliothek ausleihen.

Wer hat das Gedicht
Der Baum geschrieben?

Warum findet
der kleine Siebenschläfer
seine Freunde nicht?

Warum braucht es manchmal drei Eier,
um herauszufinden, wer kein Freund ist?
Lies im Text *Der Prinz sucht einen Freund*
nach.

Wähle mit deiner Partnerin/deinem Partner
einen Text aus, den ihr gut
in verteilten Rollen lesen könnt.
Übt gemeinsam.

Josef Guggenmos hat viele Gedichte für
Kinder geschrieben.
Suche eins von ihm in unserem Buch.
Wie gefällt es dir?

Wie heißen *Die drei Spatzen*
in dem Gedicht von
Christian Morgenstern?

Wähle ein Märchen aus.
Lies den Text still für dich oder flüsternd mit einem Partner.
Male zu deiner Lieblingsstelle ein passendes Bild.

✤ *Tipp*
Überlegt euch in der Gruppe selbst solche Suchaufgaben für das Lesebuch.
Schreibt sie auf kleine Karteikarten. So kann eine Kartei für das selbstständige
Stöbern im Lesebuch entstehen.

Textquellen

S. 13 *Uebe, Ingrid:* Der kleine Brüllbär. Der kleine Brüllbär geht zur Schule. Ravensburger Buchverlag Otto Maier, Ravensburg 1989 (Der blaue Rabe)
S. 17 *Krüss, James:* Wenn das M nicht wär' erfunden. Aus: Bienchen, Trinchen, Karolinchen, Boje Verlag, Erlangen 1968
S. 19 C wie Computertasten, nach: Roland Volk: Schritt für Schritt computerfit! © Arena Verlag GmbH/Würzburg 2001
S. 22 *Fallersleben, Heinrich Hoffmann von:* Der Weg zur Schule. Aus: Reime-Gedichte-Geschichten für den Kindergarten, Volk und Wissen Verlag, Berlin 1974
S. 23 *Härtling, Peter:* Sofie und Olli holen Axel, Renate und den dicken Bernd. Aus: Sofie macht Geschichten, Beltz Verlag, Weinheim und Basel 1980, Programm Beltz & Gelberg, Weinheim
S. 25 *Fühmann, Franz:* In der Kuchenfabrik. Aus: Die dampfenden Hälse der Pferde im Turm von Babel, Middelhauve Verlag für Der Kinderbuchverlag Berlin, Berlin 1978
S. 29 *Stiemert, Elisabeth:* Eine Quatschgeschichte. Aus: Angeführt! Angeführt!, Stalling-Verlag, Oldenburg und Hamburg 1979
S. 30 *Dietl, Erhard:* Lothars Papa. Aus: Wenn Lothar in die Schule geht, Ravensburger Buchverlag Otto Maier, Ravensburg 1994 (Der blaue Rabe)
S. 33 *Bydlinski, Georg:* Herbst. Aus: Im Pfirsich wohnt der Pfirsichkern, Verlag St. Gabriel, Mödling-Wien 1994
S. 34 *Steinwart, Anne:* Herbstanfang. © Rechte beim Autor
S. 35 *Bull, Bruno Horst:* Vogelabschied. Aus: Ute Andresen (Hrsg.): Im Mondlicht wächst das Gras, Ravensburger Buchverlag Otto Maier, Ravensburg 1991
S. 36 *Stiemert, Elisabeth:* Eine Blättergeschichte. Aus: Elisabeth Stiemert/ Wilfried Blecher (Hrsg.): Angeführt, Gerstenberg Verlag, Hildesheim 1984
S. 38 KNISTER: Schnupfenzeit. Aus: Hatschi, Das KunterBunteSchnupfen-NasenBuch, Arena Verlag, Würzburg 1990
S. 38 *Zuckowski, Rolf:* Nasenküsse. Aus: Bunte Liedergeschichten, Gerstenberg Verlag, Hildesheim 1996
S. 40 *Demmer, Elly:* Nebel. Aus: Helmut Zöpfl (Hrsg.): Die schönsten Kindergedichte, W. Ludwig Verlag, Pfaffenhofen 1979, Lizenzausgabe f. Gondrom Verlag, Bindlach
S. 42 *Riha, Susanne:* Der kleine Siebenschläfer (Auszug). Annette Betz Verlag im Verlag Carl Ueberreuter, Wien/München 1988
S. 48 *Braun, Volker:* Der Baum. Aus: Texte in zeitlicher Folge, Band 3, Mitteldeutscher Verlag, Halle/Leipzig 1989
S. 49 *Kunze, Reiner:* Die Sonntagmorgenmeise. Aus: Wohin der Schlaf sich schlafen legt. Gedichte für Kinder, S. Fischer, Frankfurt am Main 1991
S. 50 *Frey, Jana:* Zu Hause. Aus: Streiten gehört dazu, auch wenn man sich lieb hat, Ravensburger Buchverlag Otto Maier, Ravensburg 1996
S. 51 *Bachér, Ingrid:* Laut. Aus: H.-J. Gelberg (Hrsg.): Das war doch immer so. Merkbuch für Mädchen und Jungen. Beltz & Gelberg, Weinheim und Basel 1976, Programm Beltz & Gelberg, Weinheim
S. 51 *Schwarz, Regina:* Nach einem Streit. Aus: H.-J. Gelberg (Hrsg.): Überall und neben dir, Gedichte für Kinder, Beltz Verlag, Weinheim und Basel 1993, Programm Beltz & Gelberg, Weinheim
S. 52 *Boie, Kirsten:* Manches ist bei Paule anders. Aus: Paule ist ein Glücksgriff, Oetinger Verlag, Hamburg 1985
S. 54 *Mai, Manfred:* Anna und das Baby (Auszug). Ravensburger Buchverlag Otto Maier, Ravensburg 1991
S. 55 *Schwarz, Regina:* Meine Schwester und ich. Aus: H.-J. Gelberg (Hrsg.): Überall und neben dir, a. a. O.
S. 58 *Zöller, Elisabeth:* Liebste Mecker-Oma. Aus: Kleine Omageschichten, Volk und Wissen Verlag, Berlin 1998
S. 59 *Moser, Erwin:* Der Lehnstuhl. Aus: Das große Fabulierbuch, Beltz & Gelberg, Weinheim und Basel 1995, Programm Beltz & Gelberg, Weinheim
S. 60 *Harranth, Wolf:* Ich bin allein, und die Uhr tickt. Aus: H.-J. Gelberg (Hrsg.): Überall und neben dir, a. a. O.
S. 62 *Borchers, Elisabeth:* November. Aus: Helmut Zöpfl (Hrsg.): Die schönsten Kindergedichte, a. a. O.
S. 63 Die Kinder- und Hausmärchen der Brüder Grimm, Middelhauve Verlag für Der Kinderbuchverlag Berlin, Berlin 1963
S. 64 Die große Rübe. Nach einem russischen Volksmärchen. Aus: Reime-Gedichte-Geschichten für den Kindergarten, a. a. O.
S. 66 Prinzessin auf der Erbse. Nach einem Märchen von Hans Christian Andersen. Aus: Sämtliche Märchen und Geschichten, Gustav Kiepenheuer Verlag, Leipzig 1985
S. 67 Der goldene Schlüssel. Brüder Grimm, Aus: Kinder- und Hausmärchen, Verlag Neues Leben, Berlin 1985
S. 68 Vom dicken, fetten Pfannkuchen. Deutsches Volksmärchen. Aus: In der zweiten Klasse, Volk und Wissen Verlag, Berlin/Leipzig 1950
S. 71 *Mai, Manfred:* Rotkäppchen. Aus: 111 Minutengeschichten, Ravensburger Buchverlag Otto Maier, Ravensburg 1991
S. 72 Im Haus der Großmutter; Aus: Rotkäppchen. Brüder Grimm, Aus: Kinder- und Hausmärchen, a. a. O.
S. 74 *Grosche, Erwin:* Märchen-Adressen. Aus: Oder die Entdeckung der Welt, Beltz & Gelberg, Weinheim und Basel 1997
S. 76 *Morgenstern, Christian:* Die drei Spatzen. Aus: Ch. M.: Gesammelte Werke. Piper, München 1965
S. 76 *Kruse, Max:* Beobachtung. Aus: H.-J. Gelberg (Hrsg.): Überall und neben dir, a. a. O.
S. 78 *Schweiggert, Alfons:* Die Geschichte vom beschenkten Nikolaus. Aus: Anne Braun (Hrsg.): Weihnachtsgeschichten. Benziger Edition, Würzburg 1991
S. 79 *Ruh, Peter:* Knackt die Schale … . Aus: Das Weihnachtsbuch. Benzinger Edition im Arena Verlag Würzburg 1995
S. 81 *Vahle, Fredrik:* Advent, Advent. Aus: Kinderzeitschrift Mücki und Max (Hrsg.): Das Weihnachtsbuch, Benziger Edition im Arena Verlag, Würzburg 1995
S. 83 KNISTER: Weihnachten in Bethlehem. Aus: Von Weihnachtsmäusen und Nikoläusen, Thienemanns Verlag, Stuttgart 1987
S. 84 *Zeuch, Christa:* Neujahrspunsch für Kinder. Aus: Das Jahr hat bunte Socken an, Benziger Edition im Arena Verlag, Würzburg 1994
S. 85 *Schweiggert, Alfons:* Neujahr. © Rechte beim Autor
S. 86 *Reinick, Robert:* Der Schneemann auf der Straße. Aus: Reime-Gedichte-Geschichten für den Kindergarten, a. a. O.
S. 87 *Steinwart, Anne:* Wir. Aus: Tausendfüßler lässt sich schön grüßen!, Carlsen Verlag, Hamburg 1990. © Rechte beim Autor
S. 88 *Kumpe, Michael:* Ich bin ich. Aus: H.-J. Gelberg (Hrsg.): Menschengeschichten, 3. Jahrbuch der Kinderliteratur, Beltz & Gelberg, Weinheim und Basel 1975, Programm Beltz & Gelberg, Weinheim
S. 88 *Bolliger, Max:* Was mir gefällt. Aus: Hinter den sieben Bergen, Echter Verlag, Würzburg 1995, Programm Beltz & Gelberg, Weinheim
S. 89 *Rettich, Margret:* Ähnlichkeiten. Aus: Lirum, Larum, Löffelstiel; Ein Sprachbilderbuch, Ravensburger Buchverlag Otto Maier, Ravensburg 1995
S. 90 *Löwe, Leo:* Ich kann was Tolles. Und was kannst du? (Auszug). Grätz Verlag, Witzenhausen 1995
S. 91 *Klare, Margaret:* Der Rollstuhl. Aus: Oder die Entdeckung der Welt. © 1997 Beltz Verlag, Weinheim und Basel; Programm Beltz Gelberg und Basel, Weinheim
S. 92 *Bydlinski, Georg:* Wann Freunde wichtig sind. Aus: Im Pfirsich wohnt der Pfirsichkern, a. a. O.
S. 93 *Gündisch, Karin:* Irenes Geburtstag. Aus: Geschichten über Astrid, Beltz & Gelberg, Weinheim und Basel 1985
S. 94 *Seehafer, Kurt:* Der Prinz sucht einen Freund. Aus: Sabine Schuler (Hrsg.): Mein Buch von großen und kleinen Freunden, Ravensburger Buchverlag Otto Maier, Ravensburg 1997
S. 96 *Anger-Schmidt, Gerda:* Vom Streiten und Dröhnen und vom schönen Sichversöhnen. Aus: Sei nicht sauer, meine Süße!, Dachs Verlag, Wien 1997
S. 98 *Jatzek, Gerald:* Wutsprüche. Aus: H.-J. Gelberg (Hrsg.): Oder die Entdeckung der Welt, 10. Jahrbuch der Kinderliteratur, Beltz & Gelberg, Weinheim und Basel 1997, Programm Beltz & Gelberg, Weinheim
S. 100 *Nöstlinger, Christine:* Frühling. Aus: Der Frühling kommt, Schroedel Verlag, Hannover 1977
S. 101 *Vonhoff, Heinz:* Matthias und der Blinde. Aus: Karin Jäckel (Hrsg.): Hab mich lieb Geschichten, Georg Bitter Verlag, Recklinghausen 1995
S. 102 *Guggenmos, Josef:* Die Tulpe. Aus: Was denkt die Maus am Donnerstag?, Georg Bitter Verlag, Recklinghausen 1967
S. 103 *Kahlau, Heinz:* Die Glockenblume. Aus: Der Rittersporn blüht blau im Korn, Middelhauve Verlag für Der Kinderbuchverlag Berlin, Berlin 1972
S. 103 *Storm, Theodor:* Schneeglöckchen. Aus: Gottfried Hohnefelder (Hrsg.): Gedichte, Insel Verlag, Frankfurt am Main 1983
S. 103 *Brecht, Bertolt:* Veilchen. Aus: Alfabet, Gesammelte Werke in 20 Bänden, Band 9, S. 514, Suhrkamp, Frankfurt am Main 1967
S. 103 *Janosch:* Der Frühling. Aus: Die Maus hat rote Strümpfe an – Janosch's bunte Bilderwelt, Beltz Verlag, Weinheim und Basel 1978, Programm Beltz & Gelberg, Weinheim
S. 106 *Lindemann, Werner:* Ostermorgen. Aus: Aus dem Drispether Bauernhaus, Edition Holz 1981
S. 107 *Brügel-Fritzen, Sabine:* Hase aus Korken. Aus: Der Hase Franz, Ellermann Verlag, München 1997
S. 107 *Guggenmos, Josef:* Auf ein Osterei zu schreiben. Aus: Was denkt die Maus am Donnerstag? A. a. O.
S. 109 *Jooß, Erich:* So ein verrückter Tag. Aus: Hans Gärtner (Hrsg.): Jetzt fängt das schöne Frühjahr an, Gütersloher Verlagshaus, Gütersloh 1988

S. 110 *Ende, Michael:* Ich geb dir ... Aus: Das Schnurpsenbuch, Thienemanns Verlag, Stuttgart – Wien 1979
S. 110 *Ringelnatz, Joachim:* Ich hab dich so lieb. Aus: Gesammelte Werke, Henssel Verlag, Berlin 1984
S. 110 *Härtling, Peter:* Ich schreib auf diese Seite. Aus: Joachim Fuhrmann (Hrsg.): Sprüche fürs Poesiealbum, Rowohlt, Reinbek bei Hamburg 1981
S. 111 *Wittkamp, Frantz:* Auf der Erde neben mir. Aus: H.-J. Gelberg (Hrsg.): Die Erde ist mein Haus, 8. Jahrbuch der Kinderliteratur, Beltz Verlag, Weinheim und Basel 1988, Programm Beltz & Gelberg, Weinheim
S. 112 *Ruck-Pauquèt, Gina:* Matthias. Aus: Rosemarie Portmann (Hrsg.): Mut tut gut, Arena Verlag, Würzburg 1994
S. 114 *Schmitt, Uta:* Tierkinder unterwegs. Aus: spielen und lernen, Jahrbuch für Kinder, Velber Verlag, Seelze 1994
S. 116 *Härtling, Peter:* Sofie hat einen Vogel. Aus: Sofie macht Geschichten, BeltzVerlag, Weinheim und Basel 1980, Programm Beltz & Gelberg, Weinheim
S. 117 *Marschak, Samuil:* Wo fand der Spatz sein Mittagessen? Aus: Kapitän der Erde, Middelhauve Verlag für Der Kinderbuchverlag Berlin, Berlin 1977
S. 118 Kleine Tiere. Aus: Kleine Tiere, Reihe: Der Guckkasten, Saatkornverlag, Hamburg 1989, © by De Ruiter, Gorinchem, Niederlande
S. 120 *Thabet, Edith; Dreyer, Sabine:* Katzensprache. Aus: Alles für die Katz'!, Esslinger Verlag, Esslingen 1993
S. 120 Fragen an Katzenkenner. Aus: Birgit Lechtermann (Hrsg.): Warum? Warum?, BILD Hamburg 1999
S. 121 *Könner, Alfred:* Kater Kuno. Aus: Hans-Otto Tiede (Hrsg.): Sieben Blumensträuße, Volk und Wissen Verlag, Berlin 1983
S. 121 *Schreiber, Chantal:* Kleine Katze. Aus: Im Pfirsich wohnt der Pfirsichkern, a. a. O.
S. 122 *Grömminger, Arnold:* Inga. Aus: Fächerverbindende Themen für das 1. und 2. Schuljahr, Reihe Unterrichtsideen, Ernst Klett Grundschulverlag, Leipzig 1995
S. 124 Kennst du sie? Aus: Karin Heinrich: Kinder, kommt und ratet, Volk und Wissen Verlag, Berlin 1984
S. 125 *Borchers, Elisabeth:* Was ich dir wünsch'? Aus: Geburtstagsbuch für Kinder, Insel Verlag, Frankfurt am Main 1982
S. 126 *Wölfel, Ursula:* Sprachen. Aus: Sechzehn Warum-Geschichten, Hoch-Verlag, Düsseldorf 1971
S. 129 *Widerberg, Siv:* Ausländer. Aus: Bödecker Hans (Hrsg.): Die Kinderfähre, Union, Stuttgart 1972
S. 129 *Baumann, Hans:* Spur im Sand. Aus: Klaus Lindner (Hrsg.): Wann Freunde wichtig sind, Ernst Klett Grundschulverlag, Leipzig 1996
S. 130 *Krüss, James:* Was spielen die Kinder der Erde? Aus: Alle Kinder dieser Erde, Georg Lenz Verlag, München o. J.
S. 134 *Ursula Krebs:* Alisetti aus Tansania. Aus: Wir lieben unser Land, Jugenddienstverlag, Wuppertal 1979
S. 135 Radha aus Indien. Aus: Guck' mal, was ich mache, Asiatisches UNESCO-Kulturzentrum in Zusammenarbeit mit der UNESCO, Deutsche UNESCO-Kommission, Bonn 1991
S. 136 *Langen, Annette; Droop, Constanze:* Briefe von Felix (Auszug). Coppenrath Verlag, Münster 1994
S. 137 *Harranth, Wolf:* Nimm ein Buch. Aus: H.-J. Gelberg (Hrsg.): Überall und neben dir, a. a. O.
S. 139 *Furtado, Jo:* Fabelhafte Ausreden für vergessliche Kinder. Aus: Tut mir leid! Carlsen Verlag, Reinbek 1988
S. 140 *Stempel, Hans; Ripkens, Martin:* Freunde. Aus: Auch Kinder haben Geheimnisse, Ellermann Verlag, München 1973
S. 144 *Anne Maar:* Jan leiht sich einen Hund (Auszug). Aus: Oetinger Verlag, Hamburg 1997
S. 150 *Ruika-Franz, Viktoria:* Vom Zittern. Aus: Zur Schule geh ich seit drei Tagen, Middelhauve Verlag für Der Kinderbuchverlag Berlin, Berlin 1973
S. 151 *KNISTER:* Angst geh weg! Aus: Rosemarie Portmann (Hrsg.): Mut tut gut, a. a. O.
S. 153 *Verroen, Dolf:* Zusammen. Aus: King und die tolle Jule, Herold Verlag, Fellbach 1989
S. 154 *Zeuch, Christa:* Flüstergeschichte für dunkle Stunden. Aus: Halli-hallo, Herr Flunkerfloh, Arena Verlag, Würzburg 1992
S. 155 *Gärtner, Hans:* Vorwärts – rückwärts. Aus: Leselöwen-Kinderrätsel, Loewes Verlag, Bindlach 1993
S. 156 *Fröhlich, Roswitha:* Das Bettgespenst. Aus: Anne Braun (Hrsg.): Das große Grusel-Geschichten-Buch, Benziger Edition im Arena Verlag, Würzburg 1994
S. 156 *Blank, Hajo:* Schreckliche Gespenstertöne. Aus: Vorsicht, Geisterstunde! Coppenrath Verlag, Münster 1998
S. 157 *Blank, Hajo:* Die häufigsten Gespensterarten. Aus: Vorsicht, Geisterstunde! Ebenda
S. 158 nach *Radel, Jutta; Weinhold, Angela:* Vampire und Gespenster (Auszug). Benziger Edition im Arena Verlag, Würzburg 1993
S. 160 *Kruse, Max:* Zauberspruch. Aus Ute Andresen (Hrsg.): Im Mondlicht wächst das Gras, Ravensburger Buchverlag Otto Maier, Ravensburg 1991
S. 162 *Schneider, Gerlinde:* Zwei Jungen. Aus: Klaus Lindner (Hrsg.): Wann Freunde wichtig sind, a. a. O.
S. 162 *Wißkirchen, Christa:* Eis. Aus: Lohf, Sabine; Sailer, Sybille: Mein Kindergartenjahr, Ravensburger Buchverlag Otto Maier, Ravensburg 1996
S. 164 *Lindemann, Werner:* Gewitter. Aus: Hans-Otto Tiede (Hrsg.): Sieben Blumensträuße, a. a. O.
S. 164 *Moser, Erwin:* Das Gewitter. Aus: Das große Fabulierbuch, Beltz & Gelberg, Weinheim und Basel 1995
S. 165 *Fröhlich, Roswitha:* Urlaubspläne. Aus: Dorothée Kreusch-Jacob (Hrsg.): Der kunterbunte Ferienkoffer, Ellermann Verlag, München 1994
S. 166 *Astrid Lindgren:* Im Zirkus. Aus: Pippi Langstrumpf, © Verlag Friedrich Oetinger, Hamburg 1949, Neuausgabe 1986
S. 168 *Wölfel, Ursula:* Die Geschichte von der Mutter, die an alles denken wollte. Aus: 29 verrückte Geschichten, Thienemanns Verlag, Stuttgart – Wien 1974
S. 169 *Nöstlinger, Christine:* Liebe Oma! Deine Susi! Aus: Liebe Susi, lieber Paul! Liebe Oma, Deine Susi! J & V, Dachs Verlag, Wien 1994
S. 170 Rätsel-Express – Bitte zusteigen. Aus: Dorothée Kreusch-Jacob (Hrsg.): Der kunterbunte Ferienkoffer, a. a. O.
S. 172 *Erwin Grosche:* Luftballon, Die Luftmatratze, Aus: Der BadewannenKapitän, © 2002 Deutscher Taschenbuch Verlag GmbH & Co. KG, München

Bild- und Fotonachweis

S. 26 Doris Müller, Berlin
S. 42/43 Susanne Riha: Der kleine Siebenschläfer. © 1988 by Annette Betz Verlag im Verlag Carl Ueberreuter, Wien–München
S. 46 Französisch. Loire, um 1440. Heiliger Martin bei der Mantelspende. Eichenholz, gefasst, Höhe 112 cm, Breite 94 cm, Tiefe 40 cm. Privatbesitz. Photo: AKG Berlin
S. 47 Kinder mit bunten Laternen bei einem Martinsumzug zum Sankt Martinstag. Ullstein-Martens
S. 48 Erich Venzmer. © Wolfgang Venzmer, Konstanz
S. 55 Uta Bettzieche nach Paul Maar: Der Bauklotz. Aus: Anna will ein Zwilling werden. © 1982 Verlag Friedrich Oetinger, Hamburg
S. 59 Erwin Moser: Der Lehnstuhl. © 1995 Beltz-Verlag, Programm Beltz & Gelberg, Weinheim
S. 70 Bilderbogen Rotkäppchen. Federlithographie mit Schablonenkolorierung, unbez., um 1880, Bilderbogen Nr. 2368, Verlag Robrahn & Co., Magdeburg, Photo: AKG Berlin
S. 83 Weihnachtskrippen. Geburt Christi. Fränkisch. Foto © AKG/Erik Bohr, Bamberg, Historisches Museum
S. 83 Paolo di Giovanni Fei, Traceable to 1372-1410 in Siena: Birth of Christ. Painting. Altenburg, Staatliches Lindenau-Museum, Photo: AKG Berlin
S. 114/115 Uta Schmitt: Tierkinder unterwegs. Aus: spielen und lernen. Jahrbuch für Kinder, Velber Verlag, Seelze 1994
S. 120 Theophile Alexandre Steinlen: Ausgestreckte Katze. 1909, Farblithographie, 51 x 63 cm, Genf Musee du Petit Palais, Photo: AKG Berlin
S. 121 Junge, weiße Hauskatze in Karton im Stroh „lacht". © Juniors Bildarchiv, Chr. Schroth
S. 121 Birma chocolatepoint auf eingenetztem Balkon. © Juniors Bildarchiv, U. Schanz
S. 128 Kinderfotos. Irene Hoppe, privat
S. 129 Fußspuren. LOOK/Karl Johaentges
S. 129 Strand in Dänemark. VWV
S. 134 Kinder beim Wasserholen. Hannah-Katharina Jahn, privat.
S. 135 Dorfschule in Rajasthan/Indien. Fotos: Toralf Albrecht,
S. 142/143 In der Bibliothek. Helga Golz, Bildjournalistin Zühlsdorf
S. 145 Marion Gutzmann, privat